Een stenen moeder

Leverbare titels van Luuk Gruwez bij De Arbeiderspers:

Het bal van Opa Bing (1994; proza)
Bandeloze gedichten (1996; poëzie)
Het land van de wangen (1998; Privé-domein)
Dieven en geliefden (2001; poëzie)
De maand van Marie (2002; proza)
Een stenen moeder (2004; proza)

Luuk Gruwez

Een stenen moeder

Uitgeverij De Arbeiderspers
Amsterdam · Antwerpen

Dit boek kwam mede tot stand dankzij de steun van het Vlaams en het Nederlands Fonds voor de Letteren.

Omslagontwerp: Bram van Baal
Foto omslag: Jimmy Gruwez

ISBN 90 295 2254 2 / NUR 301
www.boekboek.nl

La difficulté pour aller de Vilvorde à Hong Kong, ce n'est pas d'aller à Hong Kong, c'est de quitter Vilvorde.

Jacques Brel

Inhoud

Geheel de uwe. Brieven aan bekenden en onbekenden, landgenoten en buitenlanders, doden en levenden

Brief aan Jacques Brel 11
Brief aan mijn grootmoeder 15
Brief aan Carole Laure 19
Brief aan een leraar 22
Brief aan Paul van Nevel 26
Brief aan Jelica Novakovic 30
Brief aan Hester Knibbe 35
Brief aan tante No 41
Brief aan een blind meisje 45
Brief aan mijn grootvader 50
Brief aan een jonge lezer 53
Tweede brief aan Paul van Nevel 58

Het hummeljaar. Het jaar '01, het hummeljaar van het nieuwe millennium

Januari 65
Februari 69
Maart 75
April 80
Mei 86
Juni 91

Juli 96
Augustus 101
September 106
Oktober 111
November 117
December 122

Een stenen moeder

Beverenstraat 21, anno 1956 131
Route de Dochamps 1, anno 1960 136
Pottelberg 5, anno 1966 141
Hoogstraat 153, anno 1967 146
Westwood Park 129, anno 1971 150
Geldenaaksevest 74, anno 1976 155
Vlinderstraat 27, anno 1982 160
Windmolenstraat 15, anno 1986 165
Chemin des Garrigues, anno 1989 170
Laurierstraat 1, anno 1991 175
Kapetanianá 28, anno 1997 179
Route du Parc 2266, anno 2002 184

Verantwoording 190

Geheel de uwe

Brieven aan bekenden en onbekenden, landgenoten en buitenlanders, doden en levenden

Brief aan Jacques Brel

Hasselt, 1 januari 1999

Geachte heer Brel,

Al bijna de helft van mijn leven bent u dood. Het kan niet dat u dat inmiddels gewoon bent, u die allitererend leefde en met gulzige paardentanden in dat leven beet. Het kan niet dat u gewoon dood bent, ook al hebt u dan geschreven dat sterven niets is: 'Mourir cela n'est rien.'

Ik weet nog goed waar ik u heb leren kennen, en ook dat ik zestien was en uw muziek enkel voor lief nam omdat ik uw teksten bewonderde. Dat dacht ik tenminste. Iedereen verzekerde mij dat die 'poëtisch' waren en poëtisch was wat ik zelf wilde zijn. De plaats was Kortrijk, een kamertje tweehoog, waar mijn neef omgeven door zijn psychedelische behang in den hoge zat te wezen. Het verwonderde mij dat hij u tolereerde naast Ten Years After en Led Zeppelin. Wij wilden van onze tijd zijn en waren niet zeker of u daar helemaal in paste.

Hij en ik, wij waren allebei verliefd op Marieke. In uw chansons dagen zij niet op, de meisjes en de vrouwen, of ze lijken alleen maar geschapen om te verlaten. Niettemin zaten wij daar een ochtend in juli onze schitterende, onze bloesemende minderwaardigheidscomplexen te vergelijken en wij probeerden elkaar te overtroeven. Degene met het meest oogverblindende complex was de winnaar. Hij alleen zou het ver schoppen en hij alleen zou Marieke krijgen. Wij waren nog jong genoeg om uniek te zijn. Pas later zou blijken: Marieke, die was van een ander.

Daar, in dat Kortrijkse kamertje, begon ik. Ik zou daar mijn levenswerk van maken, van beginnen. Zoals u van eindigen en aankomen. Ik dweepte en ben dat blijven doen. Doorgaans neemt dweepzucht af met de jaren en is bewondering op de lange duur een heel karwei. Trouwens, wie niet meer kan bewonderen, is pas echt oud, of hij nu vijftien of tachtig is. Hij is bang zichzelf te verliezen, omdat hij daar maar heel weinig van overheeft. U daarentegen had van uzelf nog een flinke voorraad. Sterker: hoe meer u van uzelf verkwistte, hoe minder u miste.

Als men nu beweert dat u jong gestorven bent, dan komt dat vast niet doordat u maar een halve eeuw meeging, maar doordat u met de kanker in het lijf nog bewonderen kon. Er zijn er die kunnen groeien zonder ouder te worden, die blijven schateren om hun idiote tranen en het aandurven zowel hun schaterlach als hun tranen te laten zien. Er zijn er die daar niet minder van worden, maar juist meer. De meesten – pasgeboren – sukkelen vrijwel meteen in hun midlifecrisis.

U daarentegen kon nog kotsen, voor elk optreden, zonder ook maar iets van uzelf kwijt te raken. Plankenkoorts van top tot teen, van Brussel tot Limoges, van Parijs tot Angoulême. U kon zweten alsof u weende en daar een volledig lichaam voor nodig had. En heel dat lichaam zong: 'J'ai mal d'être moi.'

Zal ik overigens ophouden u aan te spreken met 'u'? 'Je dis tu à tous ceux que j'aime' – het vers is van Prévert. Ik aarzel tussen de camaraderie die *jou* zo dierbaar was, en het respect dat ik *u* toedraag. Vergeef mij dat ik 'je' schrijf.

Het is – om een groot dichter te worden – onontbeerlijk Belg te zijn. Daarmee bedoel ik niet 'van de Belgische nationaliteit', maar een soort stateloze, internationale Belg van de geest, tussen bestaan en onbestaan, met minstens twee culturen in de kop, laverend tussen pathos en schaamte, ernst en ongein, het surreële en het reële. Jij als Belgische Vlaming, soms op Vlamingen gebelgd – zoals het liefhebbers betaamt – je liet je erop voorstaan Vlaming te zijn, maar je was ook Belg, een timide burgerzoon die van de weeromstuit kon sneren en schelden op dat burgerdom en een wonderlijker bestaan verkoos: altijd in beweging als een hyperkinetisch kind, vastberaden globetrottend en zigzaggend tussen Knokke-le-Zoute en de Markiezeneilanden, maar aarzelend tussen de lucht en het water.

Ik denk nu – wat dat laatste betreft – aan die andere zanger, Randy Newman: 'I'm looking at the river, but I'm thinking of the sea.' Mijn waarde Jacques Brel, al hebben wij lang en vaak naar een rivier gekeken, jij en ik, datgene waarnaar wij snakten was de zee. Maar jij hebt de wijk genomen naar het zuiden, hebt gevaren en gevlogen. Daartoe heb ik het lef niet. In vergelijking met jou kom ik nauwelijks buiten. De wereld? Die tref ik aan in mijn warenhuis. Peter Pan zit wel in me, maar mijn lijf is zijn gevangenis. Hij vliegt tegen de wanden van mezelf zijn vleugels stuk.

Tegenover God hebben wij evenwel dezelfde houding. Ik was al ruimschoots tevreden geweest als de Grote Doe-het-zelver mij hier in een toestand van eeuwigdurende, lichte beschonkenheid had neergezet. Dat had hij toch met een vingerknip gekund? Veel reden tot trots heeft Hij niet. Jij bent het die, over God, dít geschreven heeft:

Et puis si j'étais le bon Dieu
Je crois que je serais pas fier
Je sais on fait ce qu'on peut
Mais y a la manière.

God, dat is een kleinzerige bourgeois, voortdurend bang dat een van zijn bloembedden vertrapt zal worden. Een keurige heer die eruitziet alsof hij nog nooit in zijn neus gepeuterd heeft. Een valse sinterklaas. Een mislukt soort mens. Jij daarentegen maakt mij afgunstig: zelf ben ik een burgerzoon voor wie een reis rond zijn kamer al een avontuur is.

Anders dan ik was jij een aanhanger van het heden. Akkoord, maar hoeveel verleden en hoeveel toekomst zaten daar niet in? Het was er zo barstensvol van dat het heden dreigde te ontploffen. Het kolkte er over van je kindertijd en van de oude dag die je nooit gehad hebt. 'Mon enfance' en 'Les vieux': het zijn vandaag mijn lievelingsliederen. Je was in al je tijd op zoek naar altijd.

Beste Jacques Brel, het is nieuwjaar vandaag. En één dag lang zijn wij met zijn allen één jaar ouder en één jaar ongelukkiger. Wij moeten verjaren en opnieuw beginnen. Maar het gebak en de whisky van oudejaar liggen ons nog zwaar op de maag. Hier, in Hasselt, waar jouw debuut bij de radio ooit heeft plaatsgehad, mag de kerstversiering nog even blijven hangen, maar zoals overal is het meeste vuurwerk de voorbije nacht gedoofd. Ik kan je niet voorstellen: laten wij feesten, alle dagen van ons leven. Want jij ligt daar, markies van Hiva Oa, uitgeteld, kapotgerookt, stukgevlogen en voorgoed uitgevaren. Laten wij dus – wat mij betreft – afspreken: alsof de laatste dag nooit komen zal. En wat jou betreft: alsof die er nooit is geweest. Laten wij feesten en geloven dat wij God zijn. En als me dat niet meer lukt, wees er dan maar zeker van: 'J'arrive.'

Van ganser harte,

L.

Brief aan mijn grootmoeder

Hasselt, 21 februari 1999

Mijn lieve Liesje,

Niemands dood heeft mij meer opgelucht dan die van jou. Op de laatste dag van deze maand is het precies één jaar geleden. Gefeliciteerd. Ik zal je vertellen hoe het gegaan is, want je was er zelf niet bij. Dus zul je nu wel willen weten of je het goed gedaan hebt. Straks vertel ik je hoe en wanneer. En vooral: waar en in wiens armen. In de mijne namelijk, dát vond ik pas goed gedaan.

Je was er overigens al jaren niet meer bij, zag sinaasappels in de luster hangen, daarna aapjes en dwergjes, daarna weer iets anders, ten slotte niets meer. Je hebt je lang genoeg op voorhand laten missen, kwestie van niemand te zeer ineens te kwetsen. In godsnaam, moet je gedacht hebben, laat het verdriet voor één keer traag zijn, laat het sijpelen en niet stromen, zorg dat er niets meer van over is wanneer ik ga. En dus maakte je van je afscheid een marathon: je stierf vijf jaar lang. Ook dat was goed gedaan, al moest jij, die altijd zo zindelijk was geweest, daarvoor meespelen in de enorme farce van de incontinentie. En in de genadeloze afvalwedstrijd van de herinnering.

Het enige wat ik je verwijt, is dat je mij – eerste kleinkind – zozeer vertroeteld en bemoederd hebt dat ik me nog steeds door Jan en alleman in de steek gelaten voel wanneer één enkele imbeciel doodleuk besluit eens niet van mij te houden. Ik heb dat altijd zorgvuldig proberen te verbergen, zelfs voor jou: dat iemand niet van mij hield. Je moet de mensen niet op verkeerde gedachten brengen, vind ik. Het begint met één, men zegt het voort, en in de kortste keren eindigt het met de hele wereld. Er bestaat geen grotere handicap dan volmaakt te moeten zijn: ik ben de man die door te zeggen dat hij zichzelf niet goed vindt, probeert te voorkomen dat anderen het daarmee eens zijn.

Dit terzijde.

Wat is er niet allemaal gebeurd sinds jouw laatste dag? Ik moet je iets bekennen. Zodra het nevelig werd in je hoofd, ben ik ermee begonnen over jou te schrijven in een boek dat hier en daar inmiddels uitbundig geprezen wordt. Jij zou danig met me gepronkt hebben en dat zou mij dan weer ontroerd hebben. De trots van moeders en grootmoeders stemt mij nu eenmaal melig.

Opa, die ik in datzelfde boek Knor belief te noemen, verblijft nu in een bejaardentehuis. Ik begin zijn nachten hoe langer hoe meer te begrijpen. Zijn kamer daar vergelijkt hij nu eens met een 'zottekeskot', dan weer met een doodskist. Wanneer hij het over jou heeft, kijkt hij door het raam. Dan noemt hij je 'marraintje', zoals de hele familie placht te doen. 'Ja, marraintje,' zucht hij, 'zij is verdwenen zoals een wolkske soms verdwijnt.' Hij kijkt evenwel heel weinig door het raam en hij maakt er geen geheim van dat hijzelf absoluut niet van plan is te verdwijnen.

Soms is hij minzamer dan vroeger. Maar gelukkig is het niemand gegeven de oude brombeer het brommen te beletten. Afgelopen oktober is hij eenennegentig geworden, zonder jou. (Bij die gelegenheid heeft mijn tante Nieske hem gevankelijk meegenomen naar een restaurant, waar hij een van zijn lievelingsgerechten voorgeschoteld kreeg: kalfszwezerik. Goed, hij begint te eten en al na de eerste hap jengelt hij, ten aanhoren van de hele clientèle: 'Kalfszwezeriken, zijn dat kalfszwezeriken? D'r bestaan verdomme geen kalvers meer.' Ik begrijp hem. In zijn ogen kon alleen jij kalfszwezerik klaarmaken.)

Ik moet je nog iets bekennen. Ik heb je al die jaren het bestaan van Totje, mijn vriendin, verzwegen. Maar Totje was op je begrafenis, dat wel, tot haar ontzetting ruimschoots te laat om je nog te leren kennen. Knor zat intussen enkele straten verder, op de plek waar hij al een paar decennia balorig zat te wezen: in zijn fauteuil voor de buis, net als jij incontinent, maar ook dronken, er bovenaan in gietend wat er – cito presto – onderaan weer uitlekte. Maanden later, al in het bejaardentehuis, heb ik Totje aan hem voorgesteld. 'Ah, eindelijk, daar zijt ge, mijn engelke,' zei hij. En met zijn myope ogen rukte hij haar de kleren van het lijf, allemaal tegelijk. 'Ge ziet dat ge nooit te oud zijt om te leren,' zei ze. Waarop hij: 'Jaja, maar hoelange zal ik begot nog moeten leren?'

Ik heb je doodsprentje geschreven. Dat was het minste wat ik kon doen voor wie wel altijd tot mijn liefsten zal blijven behoren. Maar wat er van jou overbleef, dat was míjn Liesje, dat was míjn liefste niet meer. Ook zoiets heb ik geschreven.

Dat prentje heb ik naderhand meegenomen, overal. Ik heb het verborgen achter een bas-reliëf in de Sint-Urbanuskerk van Troyes, achter een stilleven in een hotelkamer van Marrakech. Nergens slaagde ik erin jou te vergeten, ook al had ik geen verdriet, enkel nostalgie. (Nostalgie is – zoals je weet – geen verdriet.) Ik heb je achtergelaten in Kapetanianá, een nest in het Asterousiagebergte, aan de Kretenzische zuidkust. Als je er ooit komt, want met doden weet je maar nooit: vlak voor de eerste huizen ligt aan de linkerkant een heuvel met een kapelletje dat uitziet over de vallei. Daar moet je zijn. Op een stander naast een aantal iconen heb ik je geplaatst, mij al bij voorbaat verkneukelend in de verwonderde reacties van de autochtone devotia.

Ik denk nog vaak aan wat je mij die ene keer zei, toen je al niet meer bij zinnen was en mij een reis hoorde aankondigen: 'Ik ga mee.' Wel, nu mag je mee, nu gá je mee. Ik zal je overal achterlaten. Iemand toch moet er zijn die onthoudt wat je bent geweest.

Wanneer ik naar de foto op je prentje kijk, de foto van een vrouw die zeven jaar voor haar dood nog enigszins glorieert, dan besef ik: zij is het die ik heb gekend, zij is het die ik mis. Niet die van de laatste jaren. En zeker niet die van 28 februari 1998.

De plaats was het Kortrijkse Hospitaal, kamer 155. Je lag met je mond wijdopen, water op de longen, verdrinkend in jezelf. Ik boog mij over je, zag dat er bloed uit je neus was gelopen, nam een washandje en maakte je lip schoon. Geen vermoeden dat dit werkelijk je allerlaatste momenten waren. Ik nam je opgezwollen arm vast, streelde je haar en je wangen. Even keek je mij aan, maar je ene pupil draaide weg: het licht verdween. Kwart voor acht. Slapenstijd. Voor jou toch. Ik sloot je ogen, friste je gezicht op, wiste een traan weg, je laatste. Je mond kreeg ik niet meer dicht, sorry. En weet je waaraan ik toen dacht? Ik zweer het je: aan je kunstgebit met de gouden stifttand, die zo fel kon blinken als je lachte. Dat was niet meegekomen naar het ziekenhuis, dat had je toch niet meer nodig.

Dat kunstgebit, het is het belangrijkste wat ik van je heb. In een glaasje boven op mijn boekenkast staat het – tussen grijns, grimas en glimlach – mijn leven, mijn literatuur en de ondoorgrondelijke raadselen van het bestaan te bewaken. De avond na je begrafenis heb ik het plomp laten vallen en ik heb het op twee plaatsen moeten lijmen. Telkens als ik ernaar kijk, zie ik nog steeds je open mond. En ik herinner mij dat ik denk: straks, vóór het opbaren, moeten ze die dichtnaaien. En ik herinner mij dat ik je een zoen op het voorhoofd geef, dat ik de kamer verlaat en misschien enkel voor even, maar in elk geval voor het eerst in mijn leven, hoegenaamd niet meer bang ben voor de dood.

Veel liefs,

L.

Brief aan Carole Laure

Hasselt, 8 maart 1999

Beste Carole Laure,

Het is ergens in de tweede helft van de jaren zeventig. Ik ben nog niet lang afgestudeerd. Omdat mij daar een baan en een riante toekomst worden beloofd, vestig ik mij metterwoon in een stad die de mijne niet is, ver van mijn familie en mijn kinderjaren. Ik zal er tot vandaag verblijven.

Op zekere avond zie ik een film van Bertrand Blier, die ik naderhand vrijwel integraal vergeten zal, maar waarin jij de hoofdrol vertolkt: *Préparez vos mouchoirs.* Hoe oud ben je daar? Een paar jaar ouder dan ik misschien, vijf- of zesentwintig. Maar jouw personage is – dat weet ik dan toch nog – negentien. Eén scène zal ik mij bovendien altijd herinneren. Die waarin jij het knaapje van twaalf dat in pyjama voor je staat, toezegt te leren wat dat is: liefde. In niets lijk je op een minnares. Je bent een oudere zus. Vanwege je pagekopje doe je overigens duizend keer meer aan een meisje of zelfs aan een jongen denken dan aan een vrouw. Er bestaat geen onschuldige liefde, laten wij daar maar van uitgaan, en toch straalt die scène argeloosheid uit. En de belofte van liefde uit liefdadigheid.

Je zit op de rand van het bed, bloot. In je schoot alleen een verfrommelde nachtpon. Met één hand wenk je de jongen, over wie mijn rooskleurigste wensdromen mij vanaf dat moment zullen verkondigen dat ik het ben. Dat ik het ben: een kloon van God met een pyjama aan.

Dit tableau staat mij des te levendiger voor de geest doordat ik het heb gebruikt voor de cover van een van mijn boeken, denkende: iedereen zal háár willen en bijgevolg ook míj kopen; ze zullen mij liefhebben ter wille van haar. Een jammerlijk mislukte handelaarsimpuls. Inmiddels hangt de bewuste foto al jaren in mijn trapportaal. Ik heb je in al je slankigheid een plaats gegeven naast het portret van mijn omvangrijke opa Bing. (Goed gezelschap dus en een perfecte bodyguard, maar pas verdomd goed op voor je borsten.) Elke dag kom ik daar meermalen voorbij, alvast ook 's avonds, voor ik naar bed ga. Ik groet je of ik groet je niet, naar de luim van het moment, en als ik je groet, verbaast het me dat je na jaren nog steeds niet ouder geworden bent. Een enkele keer ben ik van mening dat het volstaat naar je te kijken om zelf evenmin ouder te worden. Dan ga ik slapen in een wolk van gelukzaligheid, er absoluut op vertrouwend dat de wereld nooit veranderen zal.

Maar de volgende ochtend ben ik soms bang om op te staan. Ik neem mij voor je geen blik te gunnen wanneer ik de trap afga. Je moest zo maar eens, als een vrouwelijke Dorian Gray, ouder geworden zijn terwijl ik nietsvermoedend sliep. Eens zul je me uitlachen, ik weet het zeker, van onder sprietige wenkbrauwen en met gecraqueleerde oudewijfjeswangen. Je zult zeggen: 'Stomkop toch, zie je dat dan niet, het is altijd de verkeerde schoonheid waarin je gelooft. Schoonheid staat nooit in de sterren, maar heeft juist alles met de aarde te maken, met gewone dingen, met de goot, het riool en de mesthoop.' En het is waar, alleen wat kan verwelken, kan bloeien. Wat blijft, heeft nooit gebloeid.

Vrouwen die gebukt gaan onder de nakende terreur van hun oude dag – er is haast niets wat mij zozeer aangrijpt. Hun japonnen worden duurder, hun juwelen kunstiger, het laatste restant van hun schoonheid diepen zij op uit een beautycase. En schuldig, want calorierijker, verlaten zij hun patisserieën, die alternatieve bordelen voor dames met een uitgebreid verleden, plekken waar zij zich bevredigen met een *misérable*, een *javanais* of een tompoes.

Op de televisie heb ik je het laatste decennium af en toe teruggezien. Uit een interview heb ik vernomen dat je Canadese bent, afkomstig uit Quebec. Een ware filmdiva ben je nooit geworden, en ook als zangeres heb je het bij mijn weten nooit ver geschopt. Ik heb je ouder zien worden, maar nauwelijks minder mooi, nog niet.

De laatste keer – ik weet niet meer op welke zender – had je een accordeon op schoot, *le piano du pauvre*. Je zong iets waaraan ik geen aandacht schonk. Ik keek alleen naar je gezicht, probeerde onder dat lange zwarte haar het pagekopje van weleer te herkennen en stelde opgelucht vast dat het legioen van de vergetenen je nog lang niet had ingelijfd. Je hoefde nog geen tompoes of *misérable.*

Twintig jaar zijn intussen verstreken. Zeg mij waarom ik jou al die tijd zo intens onthouden heb, hoewel ik niet één van de minstens twintig films heb gezien waarin je sindsdien nog hebt meegespeeld. Waarom het accordeon en niet de piano? Waarom jij en niet Brigitte Bardot of Gina Lollobrigida, sterren die allang zijn uitgedoofd maar die veel heviger gefonkeld hebben dan jij? En zelfs, eigentijdser: waarom jij en niet Julia Roberts of Demi Moore? Ik denk omdat je nooit een ster bent geweest. Je was een zus, geen godin. Meer een lampje in de kerstboom van een kamer waar nooit bezoek komt, dan de glinstering aan een firmament waarop ieders ogen gevestigd zijn. Sterren bederven je ogen, zussen zijn oogstrelend.

Echte diva's hebben iets met oorlogen, epidemieën, natuurrampen gemeen – zij bakenen epoques af. Zij drukken je met je neus op het feit dat je ouder wordt, dat je het voortaan met minder en minder zult moeten stellen, terwijl je – zoals dat gaat in het zicht van de eindstreep – nog nooit zozeer gehunkerd hebt naar meer en meer en meer. Hun eerste rimpel haalt het wereldnieuws. Meteen daarna beginnen zij hun trieste afdaling in de grafkelder van de geschiedenis. Vervolgens komen nieuwe diva's en breken nieuwe tijdperken aan.

Zussen behouden tenminste hun leeftijd van toen. Zolang

je bestaat, vertellen zij je dat je twaalf bent en voor het bed staat en twaalf wilt blijven en voor het bed wilt blijven staan. En dat je zult blijven vragen: leer mij wat dat is, liefde. En leer mij wat dat is, alles wat daarop lijkt. *Préparez vos mouchoirs.*

Het is het laatste of eigenlijk het voorlaatste jaar van een millennium, en de lente komt eraan. De krokussen in mijn tuin, de paarse, die bloeien altijd met rouwen verwarren, zijn al bijna verwelkt. Op de trap naar de kamer waar ik je schrijf, zie ik weer die foto uit de film. Ik blijf heel even staan, tien seconden misschien, en bevind mij in de tweede helft van de jaren zeventig. Ik heb nog geen vriendin en die vriendin heeft nog geen kanker, ik besta uit duizend mogelijkheden en ben nog niet veroordeeld tot een zogezegd riante toekomst.

Ik ben een kloon van God, ik heb een wonderschone pyjama aan. En dadelijk mag ik in jouw armen.

Van harte,

L.

Brief aan een leraar

Hasselt, Pasen 1999

Beste Wilfried,

Je leek amper op een leraar toen je in 1968 – wapperende das, sigaret in de mondhoek en swingend als een rocker – onze klas binnenkwam voor je eerste les Nederlands. Hoewel je maar zeven jaar ouder was dan wij, behoorde je nog tot een andere generatie: die van Elvis. Wij waren al van de bloemen.

Bovendien, je had ook bakkebaarden. De suggestie van aaibaarheid was meteen gewekt en het lag voor de hand dat wij je naam – De Bruyne – omvormden tot Bruintje. Niettemin straalde je ook iets stoers uit, iets saterachtigs, alsof bakkebaarden de plek bij uitstek zijn waar mannenhaar al zijn geilheid verzamelt. Wíj moesten het stellen met wat schuchter juveniel dons. We kwamen pas uit de was en waren nog niet gestreken.

Je had je laten inspireren door Bordewijk, denk ik nu, want net als De Bree in de novelle *Bint* ging je zitten en keek je ons aan, zonder één woord te zeggen, zo'n vijf minuten lang. Een glimlach van kauwgom en een blik van 'Love me tender'. We wisten niet hoe wij het hadden. Wij studeerden wel Grieks en Latijn, maar nooit hadden wij kennisgenomen van een eigenaardiger soort captatio benevolentiae. Ten slotte begon je te praten. Dat jij het ons niet moeilijk zou maken als wij het jou niet moeilijk maakten, zoiets. En je kondigde het onderwerp van de les aan: Cyriel Buysse. Of was dat later?

Hoe dan ook, je wist de biografieën van schrijvers overtuigend naar je hand te zetten, vooral waar het saillante details uit het amoureuze domein betrof. De dorste levens vrolijkte je op met insinuaties, gebracht op de samenzweerderige wijs van ouwe-jongens-krentenbrood. Je was, denk ik, een schrijver.

Het had er werkelijk alle schijn van dat jij minstens een decennium aan je vrijgezellenparty wilde besteden. Omdat jouw domicilie zich niet in de directe omgeving bevond, kreeg je een voorlopig onderkomen in het kloosterkwartier van ons college. De frisse wind die over het westen woei, begon ook wonderbaarlijk te ruisen in de hoofden van Gods personeel. Vandaar dat jij nachtenlang onchristelijk mocht doorzakken zonder dat iemand daar echt aanstoot aan nam. Meer dan eens moesten wíj jou komen wekken op het ogenblik dat je geacht werd al voor de klas te staan – het was de wereld op zijn kop. Maar ach, alles stond op zijn kop. Sommige paters zagen in Jezus van de ene op de andere dag een guerrillaleider. Ter updating van hun eucharistievieringen opteerden zij voor rebelse songs van Donovan of Dylan. Zij keken welwillend toe op je libertinisme – Mao's rode boekje als een nieuwsoortig brevier onder de arm geklemd. Voor het laatst in de twintigste eeuw werd er geademd alsof er elke dag opnieuw gehyperventileerd werd. Heel Europa was, om met Campert te spreken, één groot matras. Wij lonkten naar Amsterdam. Maar eigenlijk wilden we per luchtballon naar Kathmandu. En van één ding waren wij zeker: *the times they were a-changin'*.

Beste Wilfried, ongetwijfeld hebben de dertig jaren die inmiddels zijn verstreken, mijn oorspronkelijke beeld van jou gepatineerd. Maar dat verhindert mij niet obsessief te pendelen tussen toen en nu. De tijden zijn inderdaad veranderd. Zij zijn namelijk braaf geworden. Met een ballon de aarde rond: anderen doen dat inmiddels voor ons. Wij nemen de wereld waar op ons televisiescherm. Wij zijn toeschouwers van dromen. Niets is nog van ons.

Leerlingen onthouden hun leraren doorgaans beter dan andersom. Weet jij nog welke jongens destijds in mijn klas zaten? Weet jij nog dat ík een van hen was? Een puistige, maar verder onopvallende knaap over wie het in het commentaar op zijn rapporten heette dat hij lui en slordig was en dat hij zijn examenprestaties ondermijnde met een te ruime culturele belangstelling.

Eigenlijk blonk ik alleen uit in de vakken die jij gaf, Nederlands en vooral esthetica. Wanneer iemand mij op mijn middelmaat wees, wapende ik mij met een smoes die droop van de ironie: 'Mijn hersenen achten de tijd nog niet rijp om zich te bekwamen in het nadenken.' Dient het gezegd? Voor opstel scoorde ik goed. Want schrijven betekent zich excuseren. *Neemt u mij niet kwalijk dat ik besta*, dat was de ware toedracht van mijn schrijfsels. En vervolgens mocht ik bestaan, tot er een nieuw excuus nodig was. Ik was, dacht ik, een schrijver. Korte tijd spiegelde ik mij aan jou. Ik streefde naar bakkebaarden, maar het bleef bij dons.

De klas bestond hoofdzakelijk uit bollebozen. Het leed geen twijfel dat zelfs de grootste sukkel weldra in de vaart der volkeren opgestoten zou worden. Je had internen en externen. De eersten heetten Paul of Johnny, Francis of Antoon. De laatsten, ruim in de meerderheid, Filip, Godfried of Stefaan, Bernard, Johan of Dirk. Zij waren mijn familie bij ontstentenis van de bloedverwanten die ik enkel tijdens de vakantie of in het weekend zag en voor wie ik – zoals het een rechtgeaard adolescent betaamt – geen plaats reserveerde in mijn toekomst. Ik vraag mij af: wat is er van al die levens geworden? En wat van jou? Niet dat ik het op een reünie aanleg, god nee. Ik weet het wel: dat Ardooie of Ruddervoorde de plaats van Amsterdam heeft ingenomen, en dat Kathmandu werd ingeruild voor een weekendverblijf in Bachte-Maria-Leerne. Ik weet het wel: dat al die jongens inmiddels getrouwd zijn en misschien alweer gescheiden, als zij al niet dood zijn. En dat zij banen hebben en huizen en bankrekeningen en kinderen.

Teruggezien heb ik niemand, behalve Johan, die zijn droom heeft gevolgd en beeldhouwer is geworden. Met hem ga ik sinds jaar en dag vriendschappelijk om, en onder de naam Elias duikt hij zelfs op in mijn laatste boek. Hij is nog altijd zestien en heeft met mij het Peter-Pansyndroom gemeen. Maar voor de rest? De klas is opgebaard in mijn geheugen, dat hoe langer hoe meer op een morgue is gaan lijken. Soms, op een dag als deze, wanneer er iets weldadig wufts in de lucht hangt, denk ik nog wel eens aan ze. Aan hun lentes. Aan hun eerste liefdes. Aan alles wat het had kunnen worden. En ook: aan wat het vermoedelijk niet geworden is.

Ik heb nog foto's van ons afscheidsfeest dat plaatsvond tijdens een van de laatste juniavonden van het jaar 1971. De plaats was het Gaverkasteel van Deerlijk, míjn dorp. Het was een zomeravond die uitnodigde tot opgestroopte hemdsmouwen en baldadig drinken. De ene zou dit gaan doen, de andere dat. Sommigen wisten het zelfs dan nog niet en smeekten clementie af van de god van de toekomst, opdat hun jeugd niet zomaar uitgewist zou worden. In de enkele gezamenlijke uren die ons nog restten, hielden wij ons hoofdzakelijk bezig met beloven. Vloekend sloegen wij met de vuist op de tafel. Bierglazen rinkelden. Geen sprake van dat wij elkaar ooit uit het oog zouden verliezen. Maar vanaf die avond begon het later te worden in onze levens. Wij stonden al op andere perrons voor nieuwe bestemmingen en alles wat wij zoveel jaren met elkaar gedeeld hadden, begon uit ons weg te sijpelen.

Laat, die nacht, keerde ik in het gezelschap van Dirk, tegelijk de Einstein en de Mahatma Gandhi van onze klas, naar mijn ouderlijke huis terug. Hij wist nog niet dat hij uiteindelijk een hoge functie zou gaan bekleden bij een bank. De zon kwam op over Deerlijk. Er hing een lichte nevel over de velden en in onze hoofden. Erg vrolijk waren wij al niet meer. Het Damiaancollege, dat kasteel van onze puberteit en onze adolescentie, zou één jaar later worden opgedoekt.

Van harte,

L.

Brief aan Paul van Nevel

Hasselt, 1 mei 1999

Beste Paul,

'Pablo Picasso brandde met zijn sigaretten gaatjes in de buiken van zijn vrouwen. François Villon was een inbreker, een vechtersbaas en een hoerenloper. Louis-Ferdinand Céline: een abjecte antisemiet. Lowry, Pessoa, Sartre: notoire drankorgels. Pier Paolo Pasolini: die maltraiteerde zelfs kleine jongetjes. En Paul van Nevel, zult u zich afvragen, leider van het Huelgas Ensemble en onovertroffen uitvoerder van polyfone muziek?'

Zo begon mijn allereerste radiocolumn. Ik kende je nog

lang niet persoonlijk. Je was nog ver genoeg om hoogverheven te zijn. Zowat een jaar eerder had ik je in Antwerpen, in de Carolus Borromeuskerk, Nicolas Gombert en Antoine Brumel zien dirigeren met inzet van je hele lijf, inclusief die priapische snor en de met de regelmaat van een metronoom op en neer verende romp: voortdurend leek je in dubio tussen de modder onder je voeten en het tot devotie nodende luchtruim boven je hoofd. Tussen het zwijn en de serafijn. Je had hoe dan ook iets wat ik niet heb: uitstraling. Zelfs zonder noten had je die.

Sinds die dag was ik voorgoed voor jou gewonnen. En natuurlijk – wat had je gedacht? – meende ik mij ondanks mijn mankementige charisma in jou te herkennen. Het is aangewezen zo laag mogelijk te starten als je hoog wil eindigen. Dat maakt het vliegen indrukwekkender. De hemel is pas schitterend door de herinnering aan de modder. En wat dat zwijn betreft, neem er maar geen aanstoot aan dat ik je daarmee vergelijk. Het zwijn, dat is het achtenswaardigste, het mystiekste van alle dieren. Er bestaat bijvoorbeeld geen betere truffelzoeker. God – dat leert ons de oude catechismus – is overal: in de hemel, op de aarde, op alle plaatsen, dus zeker ook in de bloedworst en het varkenskarbonaadje.

Inmiddels hebben wij elkaar ontmoet en toch ben je op een rare manier hoogverheven gebleven. Je hebt mij over je origine verteld, over je kinderjaren in Hasselt. Je bent geboren in een stad waar je bijna niet meer komt, minder althans dan in de fadokroegen van Lissabon. Heel vaak passeer ik je geboortehuis, hier amper een paar kilometer vandaan. Allicht herinner jij je nog de nacht van begin dit jaar, toen wij samen met Totje en Zanne door de straten reden, langs jouw huizen, jouw scholen, jouw paden, stegen, weggetjes. Ik was er trots op dat jij, gepokt en gemazeld vluchter, dankzij Totje en mij weer even voeling kreeg met al die plekken. Er zijn mensen die het op een lopen zetten voor hun dood en anderen voor hun geboorte. Al behoor jij tot die laatsten en ik tot de eersten, ik weet niet of daar echt zoveel verschil tussen is.

Ik wil je ook iets vertellen over plekken waar míjn kindertijd zich heeft afgespeeld. Kort voor ik je heb leren kennen, vorig najaar, heb ik ze met een journaliste en een fotograaf van *De Morgen* bezocht. Het kerkhof in Deerlijk, waar mijn familie ligt. Het lagere schooltje, waar ik de laatste drieëndertig jaar niet meer geweest was, maar waarvan de gangen en de gymzaal met klimtouwen en -rekken nog dezelfde waren. Mijn grootouderlijk huis, waar ik om het andere weekend, tegen slapenstijd, gezeten op een plee, het jou welbekende journaal bijhield, dat deel uitmaakt van het boek waarvan jij de presentatie hebt verzorgd. En vooral mijn ouderlijke woning, die ik in '83, vlak na de dood van mijn vader en mijn moeder, voor het laatst betreden had.

Vijftien jaar lang placht ik te dromen dat ik mij daar onrechtmatig bevond, meestal 's nachts, of terwijl de nieuwe bewoners elk ogenblik thuis dreigden te komen. Je hebt geen huis, je bent van een huis. Het eerste wat mij nu opviel, was de afwezigheid van het antieke meubilair dat op mijn jonge jaren zozeer zijn stempel had gedrukt. Er hingen geen derderangsimpressionisten meer aan de muur. Het barokke behang was vervangen door rustige pasteltinten. Verdwenen waren al mijn pueriele angsten. Het was in elk geval ondenkbaar dat wat ooit mijn slaapkamer was geweest, nog het decor had kunnen zijn van mijn nachtelijke astma-aanvallen. Misschien doordat de vertrekken naar de normen van een nieuwere en lievere esthetica waren ingericht, was overal het mysterie weg. Hier stond, kortom, een huis waarin niets meer verloren kon gaan. Alles wás al verloren.

Alleen het deurtje van de brievenbus in de hal was in al die tijd niet opnieuw geverfd. Ik deed het open en er viel een ansichtkaart uit waarvan het mij verwonderde dat zij niet voor mij was bestemd. (Ook vandaag nog kan ik het niet helpen: alle post die aankomt op adressen waar ik ooit gewoond heb, is van mij, enkel en alleen van mij. Helaas weet ik dat meestal niet.)

Buiten zocht ik de plek op waar mijn vader in '83 zijn fatale hartklap gekregen had. De witte steen waarop hij zijn hoofd nog had weten neer te vlijen, lag er niet meer. Alles was overwoekerd. De nieuwe bewoners hadden de wildernis die mijn ouders er destijds binnenshuis op na hielden naar buiten gebannen, naar de tuin, die mijn vader zo keurig had onderhouden, alsof hij wist dat hij daar en nergens elders zou sterven en de setting van zijn toekomstige overlijden alvast netjes wilde houden. Ik denk dat zelfs de bloemen er de geur van zijn aftershave hadden aangenomen.

Ik ben daar, na de rondleiding door de vrouw des huizes en de fotosessie, niet met een prop in de keel vertrokken. Ik was van een ander huis en het was niet mijn moeder die de deur achter me dichtdeed, maar iemand die bijna mijn dochter had kunnen zijn.

Sneller en sneller gaat de tijd en korter wordt ons geheugen. Intussen zijn mijn nachtmerries verdwenen. Zelfs valt het mij almaar moeilijker om mij voor de geest te halen hoe het er vroeger tussen die muren uitzag. Mijn eigen huis: ik ben het doodgewoon kwijt. Er worden andere liefdes bedreven, nieuwe dromen gedroomd, maar het is dezelfde ouderdom waarop wordt gewacht. En met betrekking tot de brieven en de ansichtkaarten die er aankomen, begin ik voor het eerst te twijfelen of zij wel voor mij bestemd zijn.

Maar laat ik niet klagen. Ik heb een dak boven het hoofd en als ik niet langer getuige van het daglicht wil zijn, doe ik de gordijnen dicht. Daarnet nog heb ik een van je cd's opgezet. *Lagrime di San Pietro* van Orlandus Lassus, die – als wij tenminste zijn arts mogen geloven – gestorven is aan 'melancholia hypochondriaca'. In de negentiende strofe dit gedenkwaardige vers: 'Per tema di morir, negai la vita' (Uit angst voor de dood verloochende ik het leven). En vannacht dan, heb ik van jou gedroomd. Onaangekondigd stond je bij mij in de kamer, zwaaiend met je portefeuille. Je moest mij nog iets, je was vergeten wat. Natuurlijk ging het om een wensdroom, nog nooit heb ik iemand ontmoet die mij iets schuldig is.

Wat is er sinds onze laatste ontmoeting niet allemaal gebeurd? De winter is donkerder geëindigd dan hij begonnen is. Vrienden om mij heen werden almaar depressiever. Zelf was ik af en toe ten prooi aan 'melancholia hypochondriaca', maar dood ging ik niet. Onder begeleiding van een treurig ogende juf wandelden op een zonnige februariochtend drie stralende mongooltjes door mijn straat. Ik sloeg hen gade van achter de vitrage. Een paar momenten lang was ik er zeker van: dat geluk enkel mogelijk is als afwijking. Ik spande mij heel erg in te glimlachen als een idioot. En – geloof het of niet – maar ik zweer je dat het hielp.

Van harte, ook vanwege Totje
en ook voor Zanne,
L.

*Brief aan Jelica Novakovic**

Kapetanianá, 14 mei 1999

Beste Jelica Novakovic,

Er zijn mensen die van de zee zijn. Anderen zijn van de bergen. Ik ben van de sterren. Het is midden in de nacht. Kapetanianá, het Kretenzische dorp van waaruit ik je schrijf, be-

* Hoogleraar Nederlands aan de universiteit van Belgrado. In 1999, tijdens de eerste NAVO-bombardementen op haar stad, publiceerde zij een dagboek in een paar Vlaamse en Nederlandse kranten.

vindt zich op een hoogte van achthonderd meter. Overdag ligt hierbeneden de Libische Zee te glinsteren. Nog hoger dan waar ik zit, iets links van me, bevindt zich een berg die eruitziet als een heer met een bolhoed op. Al kan ik het niet bewijzen, toch verdenk ik hem ervan dat hij die na zonsondergang, vlak voor hij slapen gaat, afneemt. Dan wordt hij, zoals wij allemaal, een doodgewone zielenpoot in negligé, die geen pottenkijkers duldt. Wanneer ik het licht uitdoe en door het raam kijk, en vooral wanneer ik buiten in het aardedonker ga plassen, is er alleen dat bespikkelde firmament. En ik denk: het heelal heeft de pokken. Of het is bezaaid met jeugdpuistjes; het duurt vast nog tal van lichtjaren eer het volwassen is. In elk geval staat het vol punten, de ene al wat opvallender dan de andere, alsof het zeggen wil: hier eindig ik, hier eindigt al mijn licht, hier eindigen al mijn zinnen, *point final*, *full stop*, ik eindig in al mijn talen.

Ik voel mij heel klein, omdat ik wel beter weet: het eindigt daar helemaal niet. En heel groot omdat ik met grote ogen naar die kleine sterren kijk. Er borrelt muziek in me op van Mahler op een tekst van Nietzsche: 'Alle Lust will Ewigkeit – Will tiefe, tiefe Ewigkeit!' Ik steek mijn handen uit, man van de sterren, niet van de zee, niet van de bergen, zeker niet op dit uur. Maar de sterren willen mij niet. 'Halleluja,' zeggen zij, 'en knoop nu je gulp maar dicht.'

Ik weet niet hoeveel sterren er op dit ogenblik boven jouw Belgrado blinken. Eén keer maar, zowat tien jaar geleden, ben ik er geweest, één broeierige zomernacht in het huis van een ietwat liederlijke consul met een gevolg van schandknaapjes en een dis vol exquise spijzen. De stad waarover jij dag na dag rapporteert in gloedvolle brieven aan België, heb ik nooit echt gekend. Niettemin sta ik af en toe verstomd van wat je schrijft. Misschien bruisen je getuigenissen zozeer van leven doordat je voldoende wordt omringd door de dood. Misschien dat het de dood is die ervoor zorgt dat Belgrado leeft.

Op de buis meermalen de nachtelijke bombardementen gezien. Het viel mij op hoezeer bommen op sterren lijken. Eén probleem: het waren verdomme allemaal vallende sterren. Bij één ster mag je een wens doen. Wat doe je als er daar honderd of duizend van zijn? Ik denk: ophouden met wensen, omdat je niet meer weet of je moet wensen of wenen. Kijk jij nog wel eens door het raam, Jelica? En doe je dan een wens?

Het is triest dat men in de kosmos niet maalt om moraal. Wat wij goed of slecht noemen, bestaat voor een hypothetisch buitenaards bioloog niet. Hooguit kan die vaststellen dat bepaalde diersoorten, mensen in het bijzonder, andere meer naar het leven staan. Goed en kwaad zijn voor hem geen feiten, maar verzinsels met behulp waarvan ondergeschikten op een ondergeschikte planeet proberen te overleven.

Laten wij ons trouwens geen begoochelingen maken. Ook naar aardse maatstaven is dit millennium allicht het laatste geweest waarin de mens zich als de heerser van de planeet mocht gedragen. Ondanks alles wat wij ons in talloze ethische charters zullen voornemen, ontwikkelen wij straks middels genetische manipulatie superieure klonen die ons in het beste geval pinda's zullen toegooien alsof wij aapjes of olifanten of lama's in een dierentuin zijn. Niets is zo rekkelijk als moraal. Of misschien valt er wel ergens een bom met beduidend meer slagkracht dan alle geschut dat Belgrado dezer dagen treft en dan blijken zelfs Mahler en Nietzsche plotseling niet meer onsterfelijk te zijn. Heel, heel stil wordt het dan, op deze plek in het heelal.

Kijk, ik ben maar een kleine jongen die van sterren houdt. Maar ik ben ook een politieke domoor, die nooit veel benul van aardrijkskunde en geschiedenis, laat staan van polemologie heeft gehad. Des te meer ben ik thans in de war, doordat dit mij een oorlog zonder goeden lijkt ('zonder goden' schreef ik haast), onvergelijkbaar met wat wij een halve eeuw geleden hebben meegemaakt. De NAVO deugt niet, Milošević en het UÇK evenmin. Er zijn geen offervaardige ridders meer, behalve voor even. In enkele welmenende gehuchten heeft men een paar dagen de filantropie beoefend zoals sommigen bridgen of biljarten of met de darts spelen: alsof hun leven ervan afhangt. Dat is alweer voorbij. Niets raakt zo snel uit de mode als gekibbel in een dorp dat het onze niet is, ook al ligt het in de buurt. Nieuws dat elke dag bij het oude blijft, verveelt. Dat Jenny in de Vlaamse soap *Thuis* met borstkanker in het ziekenhuis is opgenomen, dat Kristof opnieuw in de clinch ligt met de bende van Stani en dat het verdomd slecht dreigt af te lopen – dat is pas nieuw nieuws. Wij laten ons nu eenmaal het liefst inpalmen door leed dat verzonnen is, en wij noemen onze lafheid lijfsbehoud.

Ik ben maar een kleine jongen. Ik zie amper verschil tussen oorlogsgeweld en hooliganisme. Voor mij zijn de respectieve X-sides van SV Amerika en Servië Sport met elkaar slaags geraakt. Is dit niet een oorlog van slechten tegen slechten? Van het superieure eigen crapuul tegen het inferieure crapuul waartoe anderen behoren? En zijn wij, West-Europeanen, niet van mening dat het grootste leed – dat van de Kosovaren – het enige eerlijke, het enige rechtvaardige is? Ik denk dat de Grieken het niet met ons eens zijn. Instemmend en van nature dwars lees ik de graffiti waarin zij op de muren van Chania en Ierápetra hun gram proberen te halen tegen Amerika en die zelfbenoemde, volkomen arbitraire gendarmerie van de wereld.

Ook in hun kleine domheden brengen de Grieken overigens bepaalde wijsheden aan het licht. Zij doen mij begrijpen hoe weinig nationaliteit betekent. Wij, Belgen, wij zijn een van de minst bestaande volken van Europa. Horen zij ons praten, dan vragen zij eerst: 'Germania?' Vervolgens vinden zij ons Duits raar klinken. Zij corrigeren zichzelf. 'Holland?' vragen zij aarzelend. Dat Belgen bestaan, lijkt hun compleet onvoorstelbaar. Wat zouden wij, Vlaamse, *à la limite* Belgische schrijvers dan bestaan? Het is tegelijk troostrijk en ontnuchterend naar de sterrenhemel boven Kapetanianá te kijken.

Ongaarne geef ik toe dat ikzelf iets wat met zoveel duidelijkheid bestaat, jouw oorlog, de meeste uren van de dag vergeten ben. Ze zeggen dat alles politiek is, ook literatuur, ook muziek. Ik weet het niet. Wat ik wel weet, is dat waarachtige politiek, waarachtige literatuur en waarachtige muziek, aangedreven door iets wat meer dan ijdelheid is, dat die alleen maar hunkeren naar het utopische moment van hun overbodigheid. Tulpen doen niet aan politiek. Hyacinten schrijven hun groeipijnen niet op. Er is heel veel vanzelfsprekendheid nodig om niet te spreken.

Maar jij zit ginds, in de nacht van Belgrado. Ik hier, in die van Kapetanianá. Het is dezelfde nacht en ook niet. Ik weet dat de berg naast me over weinige uren weer zijn bolhoed opzet en dat de zee hieronder dan begint te glinsteren. Hier moet de dageraad alleen de duisternis opruimen. Dit en enkel dit is vanzelfsprekend. Wakker worden (áls je tenminste hebt kunnen slapen) in een stad die straks ook zijn puin moet ruimen, is dat al veel minder. Ik wil wel vloeken en bidden en smeken. Maar ik kijk naar de sterren en ik zwijg.

Geheel de uwe,

L.

Brief aan Hester Knibbe

Hasselt, 18 juni 1999

Lieve Hetty,

Nog drie keer slapen en de langste dag komt eraan. Wat vind jij? Moeten wij hem, vervuld van christelijke dankbaarheid, loven en eren, die fameuze langste dag? Of moeten wij er juist om rouwen? Zelf sta ik er in elk geval niet bij te jodelen of te psalmodiëren. Zoals je weet ben ik iemand die meer op de klimmende dan op de dalende lijn is gesteld. En ook al hoort de langste dag in een astronomisch jaar het hoogtepunt te zijn, voor mij is hij in de eerste plaats het begin van het einde. Ze mogen mij gestolen worden, de hoogtepunten. Ik krijg er alleen maar hoogtevrees van en tussen mijn benen begint iets demonstratief te verlilliputteren. Bovendien heb ik lak aan de obligate wisseling der seizoenen en wil ik mijn eigen programma kunnen samenstellen, desnoods met sneeuw en zware vorst in juni, wanneer mijn voltallige buurtschap eigenlijk niets liever wenst dan boven een of andere barbecue te hangen, en met, ergens diep in december, tropische avonden die het vertikken hun mediterrane blauw los te laten. Ik wil, volkomen kunstmatig en allicht tegen de zin van al mijn soortgenoten, unverfroren kunnen zappen in de natuur. En vooruit, ik wil dat eigenlijk ook kunnen in mijn leven.

Misschien kunnen ze je pillen voorschrijven, lieve pillen, sympathieke pillen, elke dag weer op het internet of in *Flair* of *Story* aanbevolen. Pillen, gemaakt met het oog op het Grote Barmhartige Vergeten. Ik ken ze niet, ik wil ze niet kennen. En al zeker die tegen het heimwee niet, die misschien zo krachtig zijn dat je alleen nog openstaat voor dat gruwelijke, omnipotente Nu. Misschien bestaat er een pil die zegt: 'Gedaan met dat jeugdsentiment, weg met dat kleverige verleden, naar de hel zelfs met de hele verdomde geschiedenis. Vergeet je plaats in het heelal, vergeet je tijd die wegtikt en wegtikt, even enerverend als een kraan die lekt.' En dat eens ook de Gelukspil komt, voor buitenstaanders natuurlijk de saaiste aller pillen, zij die alle leedvermaak immers onmogelijk maakt, zoveel is zeker. Want geluk heeft in de eerste plaats iets met chemie te maken, met pipetten, distilleerkolven en bunsenbranders. Als er een God bestaat, is die van opleiding scheikundige. (Al is het weinig waarschijnlijk dat hij zijn studie ooit voltooid heeft. Maar wees gerust, een slimmere ander klaart die klus straks wel in zijn plaats.)

Eén ding weet ik zeker. Zolang er tegen heimwee nog geen pil is uitgevonden, is er beslist niets efficiënter dan teruggaan. Hoe ouder ik word, des te meer wil ik volstrekt regressief en geconstipeerd van conservatisme naar alles terug. Er bestaat geen toekomstig paradijs of het is samengesteld uit een overvloed aan onvoltooid en onvoltooibaar verleden. Mijn paradijs voldoet per definitie en voor honderd procent aan de denotatie 'revisited' en het is alsof ik daar nog snel overal schulden moet gaan vereffenen die ik ooit gemaakt heb door er simpelweg te kijken, te luisteren, te ruiken, te proeven en te voelen. Kortom, door er te zijn. Misschien is het nooit anders geweest. Misschien vergeet ik dat ik altijd weg en terug, terug en weg heb gewild, zwervenderwijs op zoek naar huis, in elk nu op zoek naar altijd. En dat ik het nergens gevonden heb, dat huis. En dat ik het nergens gevonden heb, dat 'altijd'. Want in feite ben ik ook geen zwerver, daarvoor trappel ik soms veel te langdurig ter plekke, zoekend naar wat mij vertrouwd is. Als ik mij al voortbeweeg, dan pendel ik doodgewoon tussen moederschoten, in de hoop dat er daar ten langen leste toch één van zijn zal die mij in alle oprechtheid terug wil. Zelf wil ik schaamteloos terug naar het ongeborene, naar het nauwelijks bestaande en de blijde verwachting. En – nog van voortbewegen gesproken – ik wil ooit het wijsheidsniveau bereiken van de man die ik een decennium of drie geleden door de Amsterdamse Kalverstraat zag lopen met zo'n sandwichbord waarop in majuskels enkel dit stond te lezen: IK MIJ OM PERSOONLIJKE REDENEN VOORTBEWEEG! Maar nóg liever wil ik mij misschien totaal geoblomoviseerd en zonder de sputteringen van het geweten perpetueel neervlijen op mijn sofa.

Wat enkele van de hierboven hooglijk gesolliciteerde moederschoten betreft, namelijk die van mijn eigen ma en die van mijn oma Liesje, vandaag in de krant het overlijdensbericht gelezen van dokter M. Hij komt voor in – *Het land van de wangen*; hij is het die mijn moeder ter wereld heeft gebracht, gesecundeerd door een inderhaast opgeroepen accoucheur. Of allicht ging het net andersom en was hij degene die secundeerde; dat lijkt mij logischer. Een akkefietje was het in elk geval niet – dat heb ik mij tenminste laten vertellen – veeleer een godsjammerlijk geploeter.

'Het boek van zijn leven werd gesloten, maar niet vernietigd,' staat er boven de doodsmare van dokter M. Afwachten maar. Hij is honderd en vier geworden en – zoals dat heet – rustig ingeslapen. Als een kwieke jongeman woelde hij tot voor enkele jaren nog bedden met onbespoten groente om in zijn tuin. Hij las, schijnt het, met overgave mijn columns in de krant. (Ook dat staat in mijn boek.) Mijn geheugen beschikt over een archiefje met beelden van toen hij nog een snotaap van zeventig of tachtig was. Met die toefjes halflange, geëlektriseerde grijze haren links en rechts op zijn grotendeels kale knikker leek hij mij toch meer stripheld dan mens, meer kunstenaar dan geneeskundige. Hij bleek, wat er ook van zij, over een bijzonder talent voor leeftijdloosheid te beschikken. Magere Hein zou nog een kwaaie klant aan hem hebben.

Voor de rest beginnen zij nu toch met gezwinde spoed te sterven, de personages uit mijn geschriften, voorzover zij dat al niet gedaan hebben. De doodssnik strekt immers tot aanbeveling voor wie in een van mijn boeken wil belanden, al zal ik hier niet peroreren dat er velen zijn die daar zoiets voor overhebben. In het Kretenzische Paleochora, een goede maand geleden, op een avond met zo'n perzikkleurige lucht – ik bedoel met die donzige melange van karmozijn, roze en turkoois, de melange van de dromen, stel ik mij voor – stomtoevallig Theofilos teruggezien, burgervader van Gavdos, Europa's zuidelijkste bewoonde eiland. Hij zou ons meenemen op het schip waarvan hij kapitein was; hij beloofde ons gratis tickets voor een overtocht van bijna vier uur, enzovoort, enzovoort. Helaas hadden wij voor 's anderendaags al een kamer in Miliá en een auto gereserveerd. Terloops informeerden wij even naar zijn neef Nikos, de man die ons destijds op *het laatste eiland* een kamer had verhuurd en die uitblonk door zijn fanatieke neiging tot vervrouwelijking van de Engelse taal ('*She*'s a good man'). Bleek dat ook hij, volgens mij niet eens zestig, inmiddels de geest had gegeven. Twee dagen voor Kerstmis was hij, ondanks de verschrikkelijke storm die over Gavdos woedde, toch uit vissen gegaan. In zijn bootje was hij gestruikeld en hij had daarbij zijn nek gebroken. Een inderhaast uit Chania ter hulp geroepen helikopter was te laat gekomen.

Zij gaan dood, de personages uit mijn boeken, ze gaan dood. Nu, om maar iemand te noemen, Knor nog.

Er is mij tijdens mijn talloze verblijven op Kreta iets duidelijk geworden, namelijk dat een mens in zo'n bedwelmend 'vakantiemilieu' – ik haat het woord – verbazingwekkend weinig tijd nodig heeft om dom te worden of nog dommer dan hij al is. Zo ook vorige maand. Lezen deed ik er niet, schrijven evenmin, denken met mondjesmaat. In een verloren moment probeerde ik mij soms bepaalde namen te herinneren, bijvoorbeeld van auteurs, kunstenaars en politici, namen die ik mij in het vaderland moeiteloos voor de geest kan halen. En, verdomd, meestal lukte het mij niet. Ook mijn hersenen waren met vakantie. Ik kreeg het gevoel dat ik helemaal aan het verdierlijken was en ik kon mij daar perfect mee verzoenen. Ook probeerde ik mij voor te stellen hoe een bestaan zonder de literatuur er voor mij zou uitzien. Terwijl ik dat vroeger altijd ondenkbaar en verstoken van elke zin had geacht, vond ik het ginds – in Miliá, in Zákros en in Kapetanianá – nog lang zo gek niet. En ik vroeg mij af of het wel waar was dat ik dom aan het worden was en of het integendeel niet ontzettend verstandig was afscheid te nemen van die twijfelachtige poging om dag in dag uit de verkeerde woorden in de juiste volgorde te zetten.

Het vertrouwen is zoek, Hetty. Ik ben verdomme niet goed in ouder worden, terwijl ik toch voldoende voorbeelden gehad heb om mij aan te spiegelen. Want leven, het is heel eenvoudig, het is allemaal een kwestie van nabootsing. Maar nee, echt, helemaal zonder literatuur, zou dat niet het mooiste zijn? Niets schrijven, niets meer lezen, zelfs de krant niet. De bewuste stupidisering van jezelf. Wat een onzin dat er hier en daar iemand is die zich dag na dag uitslooft in de hoop in extremis nog het perfecte gedicht te kunnen neerpennen. Gedicht dat vervolgens, perfect of niet, binnen de kortste keren toch door iedereen vergeten wordt, nog voor 's dichters dood.

Het Grote Barmhartige Vergeten. Ik vraag mij af wat er met onze brieven gebeuren zal, als wij er niet meer zijn en als iemand ze al dan niet toevallig in handen krijgt. Zullen onze zielen, of wat daarvoor moet doorgaan, zodra dit gebeurt, ergens in de kosmos als glimwormen beginnen op te gloeien? Onlangs een stapel ansichtkaartjes uit mijn grootouderlijke huis bekeken. Daarbij stak ook een foto uit 1911 van een van mijn betovergrootvaders, blijkens de tekst op de achterzijde de grootvader van mijn opa Knor. Met pijp in de mond staat hij in het portiek van zijn zaak. 'Lunetterie' (brillenmaker) lees ik op het rechtse etalageraam, op het linkse 'Horlogerie' en boven de deur 'N° 4. J. Vinckier-Parret'. Eenhoog hangt een vrouw uit het raam. Is zij, vraag ik mij af, niet mijn lievelingsbetovergrootmoe, die mij het gen vermaakt heeft dat tot voyeurisme of zienerij voorbestemt, wat overigens ongeveer hetzelfde is? Die horloge- en brillenverkoper moet mij dan weer het gen hebben gelegateerd dat mijn genadeloze obsessie voor de tijd verklaart.

Er zit ook een ansichtkaartje bij dat de elfjarige Knor zelve op 1 december 1918 vanuit Rouen naar zijn oma heeft gestuurd. Afgebeeld wordt de indertijd vermaarde, inmiddels afgebroken veerpontbrug over de Seine, waarvan Knor zeventig jaar later nog steeds de mond vol had, hoewel hij vooral over 'la Grosse Horloge' in het stadscentrum niet uitgepraat raakte. Afgaande daarop, en op de maniakale punctualiteit die hem levenslang gekenmerkt heeft, denk ik thans dat bovenvermeld horloge-gen via hem bij mij is beland. Wij zitten te vol. Zoveel geschiedenis bevat een mensenlijf dat daar maar amper plaats overblijft voor iets als het heden.

Knor beweerde op het eind nog steeds dat hij zijn gelukkigste jaren in Rouen had doorgebracht. Hoewel ik die uitlating als een kaakslag voor Liesje, mijn grootmoeder en tenslotte ook zijn vrouw, placht op te vatten, kan ik me dat wel voorstellen. Distantie scherpt de idealiseringsdrift aan en vergroot het paradijs. En distantie was er voor Knor, op het eind van zijn leven, twee keer: vanwege de vele decennia die hem van zijn kindertijd scheidden en vanwege het feit dat die kindertijd zich voor een deel in den vreemde had afgespeeld.

Ze gaan dood, de moeders. Zij gaan dood, de grootmoeders. De vaders en de grootvaders. De personages uit mijn leven en uit mijn boeken. Maar wie er, lieve Hetty, niet dood mag, is jouw doodzieke zoon, die nu dagelijks wordt getergd en getiranniseerd door die tumor in zijn hoofd. Ik begrijp dat alles, daarmee vergeleken, voor jou van secundair belang is en ik schaam er mij diep over dat ik het hier zo in extenso heb over wat mij bezighoudt, terwijl jij je daarginds maar niet kunt ontworstelen aan die stalen wurggreep, waartegen alle woorden van de wereld zo weinig, zo weinig, enzovoort, enzovoort. Moeten wij toch maar blijven schrijven over wat uiteindelijk details blijken, bijzaken en beuzelarijen, ook als de wereld dreigt te vergaan? Misschien biedt de dood, hooghartig, grootsprakig en alleen met het grote bezig, slecht weerwerk tegen kleinigheden, omdat die vol leven zitten. Laat ons hopen. De langste dag komt eraan, maar dat zal jou een zorg wezen. Voor jou is iedere dag dat jij je omringd weet door dat kwetsbare, dat weerloze, dat onnoemelijk bedreigde, tegenwoordig vast de langste. Ik wens je alle sterkte die nodig zal zijn en alle zwakte waarvan ik vind die jij ze jezelf moet gunnen. Want niemand kan een stenen moeder zijn.

Veel liefs,

Luuk

Brief aan tante No

Hasselt, 4 augustus 1999

Lieve tante No,

Ik wil niet dat je deze brief leest. Trouwens, dankzij je krakkemikkige ogen hoef ik mij daarover geen zorgen te maken. En als iemand op het malafide idee zou komen voor te lezen wat ik hier zoal over jou schrijf, dan zou je er maar weinig van snappen. Hoewel je me elke twee maanden op visite krijgt, ben ik er niet eens zeker van of jij je vandaag nog herinnert dat ik het was die je gisteren in het rusthuis bezocht heeft. Je noemde mij bij de naam van mijn vader – Jimmy – en je vertelde iedereen dat ik je broer was. Zozo, dacht ik, ben ik dan ook al zestien jaar de hoek om? Want zo lang is het geleden dat Jimmy, mijn vader en jouw broer, gestorven is.

Morgen is het je verjaardag. Die datum bleek je wonderwel onthouden te hebben. Hoe oud je bent, ik weet het niet precies meer. Acht- of negenenzeventig, schat ik. Maar toen ik daarnaar informeerde, antwoordde je in alle ernst: 'Tweeëntwintig.' Schizofrenie heeft kennelijk ook voordelen. Niemand zal je bijvoorbeeld verhinderen in 2000 zo'n florissante drieëntwintig te worden. Drieëntwintig: toen je dat ook werkelijk was, had je er geen flauw benul van hoezeer het weldra zou gaan tochten onder je hersenpan. Stapelgek was je al, maar dan alleen op dat sinistere Engels heerschap met wie je later even getrouwd zou zijn en die – dompteur in het circus van de liefde – zijn hartstocht zo niet met de zweep dan toch met de broeksriem of de vlakke hand op je botvierde. Had je maar niet de leeuw als sterrenteken moeten hebben.

De jaren en de eeuwen worden sneller intussen, en de ogenblikken ogenblikkelijker. Men vergeet. Wally, mijn Engelse oom annex vrouwentemmer: niemand in onze familie spreekt nog over hem en overigens heb ik hem nooit gekend. Alleen weet ik dat hij geregeld, zelfs lang nadat hij bij je weg was gegaan, in zijn somptueuze Oldsmobile mijn ouderlijk huis voorbijgereden kwam. Hij deinsde er niet voor terug olijk mijn vader te salueren als die in de deuropening stond. Maar dat is dus meer dan zestien jaar geleden.

Venten hoefde je na je korte mesalliance met het Britse Gemenebest niet meer. Hooguit engelachtige verplegers in smetteloze stofjassen. In de gekkenhuizen waar je bijna een halve eeuw verbleven hebt, moesten zij met hun hulpverlenende grollen proberen op te kalefateren wat er van jou nog op te kalefateren viel. Mannen zonder zweep waren het, nauwelijks uitgerust met geslachtsorganen. Brave jongens, vond je. Nu en dan noemde je ook mij een goede jongen. Dan lachte ik dat weg. Of ik deed er, doordat ik mij nu eenmaal zelfs tegenover een kleuter of een keukentafel of een zottin niet altijd een houding weet te geven, een fikse schep bovenop. Ik was de beste, dat zei ik. Maar zal ik je eens iets vertellen, tante? Er bestaan geen goede mensen, alleen mensen die nalaten het kwade te doen. Misschien is de wereld met hen veel beter af dan met degenen die uit alle macht goed willen zijn. Ik vind egoïsme een geschikte uitvalsbasis voor menslievendheid.

Gisteren, toen ik de kamer binnenkwam, was je je net aan het omkleden. Die schijnwerper van een zon op dat magere, schrompelige lijf. Dat kwabbige vel als een triest souvenir aan de verdwenen vlezigheid. Ze hadden een knobbel uit je borst gepeuterd en je daarna op chemotherapie getrakteerd. Maar of je daar stond – rug naar mij toe – met één, twee, of helemaal geen borsten, kon ik niet uitmaken. Ik heb nooit geweten wat ze op de operatietafel precies met jou hebben uitgericht. Ik hoef het ook niet te weten. Jou ernaar vragen zou bovendien geen zin hebben gehad, want zelfs toen ik je een halfjaar geleden in het ziekenhuis opzocht, beweerde je bij hoog en bij laag dat ze je helemaal niet hadden geopereerd. Dat zij niet, nooit aan je lijf zouden zitten, die meneren. Dat je kerngezond was, dat je dat altijd was geweest en van plan was het altijd te blijven. Van de arts kwam ik nog wel een en ander over die chemo te weten, maar ik vergat hem domweg te vragen of je alleen het gezwel of een ietsje meer kwijt was. Je hoeft het mij niet per se te vertellen, maar hoe zit het, hoeveel borsten heb je nu eigenlijk nog over, tante? Waar is je dieveggeblik en waar zijn je zwarte krullen? En waarom zijn, ook na de Tweede Wereldoorlog, de bombardementen in je kop nooit gestopt?

Speeksel vloeide gisteren bij beekjes uit je mond. Daar moest voortdurend een washandje voor. In de cafetaria zaten wij naderhand allebei veel te veel sigaretten te roken, naast een vrouw met een zilverig markiezinnenkapsel die nóg ouder was dan jij (maar misschien iets minder lelijk) en die nóg meer rookte, vijfentwintig sigaren per dag. Daar ging zij prat op, geen vent die het haar nadeed.

Terwijl ik daar zo zat, spookte dat portret uit je meisjestijd mij door het hoofd. Zo'n portret in een ovale lijst. Zelfs dat is nu spoorloos. Het heeft bij ons thuis altijd op een schap bij de kolenkelder gelegen, een plek die conform was aan je donkere, melancholieke, vooroorlogse schoonheid. Eén keer primus van de klas, één keer het mooiste meisje van de straat, en dan vijftig jaar duisternis. Verstand van eindigen, dat moet ik je nageven – jouw hele leven bestaat hoofdzakelijk uit de finale.

Af en toe keek ik stiekem op mijn horloge, in de hoop dat ik het mij al kon veroorloven op te stappen. Maar de wereld redden, nalaten het kwade te doen, dat is toch ook een kwestie van timing. Tot exact vijf uur hield ik het uit. Vervolgens fladderde ik opgetogen weg, nadat ik jou in de rook van de doorluchtige markiezin achtergelaten had.

Ik moet je bekennen dat ik je absoluut niet graag bezoek, al ga ik moeiteloos mee in de zotteklap over venten die hitsig onder je rokken scharrelen of over jouw feestelijke bankrekeningen of over het feit dat je nu eigenaresse geworden bent van het home waar je vertoeft. Ik heb alleen te veel waanzin, te veel aftakeling en te veel dood in mijn omgeving gezien.

Waarom toch heeft de natuur er zo'n rotzooi van gemaakt? Vanwaar die onvergeeflijke flaters? Ik wil de rest van mijn leven in de geur van seringen doorbrengen, gelukkig en bijgevolg gedachteloos, of gedachteloos en bijgevolg gelukkig. Helaas vergt superieure domheid een intellectuele inspanning.

Ik wil niet dat je deze brief leest. Je zult hem ook niet lezen en hem evenmin ontvangen. Waarom ik je dan toch schrijf? Ik denk omdat ik nooit echt met je gesproken heb. Later, als je genezen bent en dood en opgenomen in dat helderziende geestendom dat jou in je jeugd beloofd is, dan zul je misschien begrijpen dat er momenten zijn geweest waarop iemand – bijvoorbeeld ik – van je gehouden heeft. O, ik geef het toe, veel waren het er niet, je moest het stellen met de restjes van wat ik al grotendeels voor anderen had opgebruikt. Maar je kwam dan ook met weinig toe.

Morgen ben je dus jarig. Ik heb je bij zo'n gelegenheid nog nooit gefeliciteerd. Ik wil het nu wél doen, maar laat ik met je afspreken dat het om je tweeëntwintigste en zeker niet om je acht- of negenenzeventigste verjaardag gaat. En vraag mij in godsnaam niet je nog vele jaren toe te wensen. Elke maand, elke week, elke dag is er een te veel. Niettemin: het jaar 2000 zie ik je wel halen. De zonne-eclips van 11 augustus, die maak je zeker nog mee. Misschien doet het je ook iets; tenslotte ben je je hele leven een verwoede zonaanbidster geweest, levende Nivea-reclame. Maar wat zul jij je, sukkeltje van een tante toch, op een sterfbed in Kortrijk, waar wij beiden geboren zijn, wat zul jij je – volslagen kierewiet – nog herinneren van deze kierewiete eeuw? Duisternis alom, enkel duisternis? Of toch ook – daar bestaat een foto van – dat je op een zomerdag, lang na de oorlog, een kind op schoot hield alsof het jou en niemand anders toebehoorde? En dat ik dat kind was?

Veel liefs,
je broer.

Brief aan een blind meisje

Miliá, 15 september 1999

Mijn kleine Wipke,

Ik zal niet aanwezig zijn op je begrafenis, gelieve mij hiervoor te verontschuldigen. Alhoewel, wij hebben elkaar nooit gekend. Wel wist ik dat je van Duitse origine was, dat je moeder destijds aan de kost kwam in een van die obscure bars in de buurt van de voormalige militaire basis van Brustem en dat je – ironie van het lot – Wipke heette. Je zong bij zo'n garagerockgroepje. Ook dat was mij bekend. Verder niets.

En toch heb ik je gezien en ook gehoord. Elke ochtend, terwijl ik nog in bed lag, kwam je met je hond onder mijn raam voorbij. Af en toe tikte je met je blindenstok tegen het trottoir: hallo, is hier iemand, is er iemand thuis op aarde? Jíj maakte me niet wakker, wees gerust. Doorgaans waren die verrekte vinken, merels en lijsters je met hun baldadige decibels voor geweest. (Zangvogels zijn eigenlijk mijn concurrenten. Vandaar mijn wrevel.)

Soms, wanneer ik je stok hoorde, sprong ik op en repte ik mij naar het raam. Vanwaar ik stond was er nooit meer dan één helft van je gezicht te zien. Maar wat was je godsonmogelijk bevallig, met je halflange ravenzwarte haar en dat kleine neusbelletje. Winter of zomer droeg je een gecraqueleerd leren jack met op de rugzijde een tekst in tranende witte letters: 'Is this me?' Ik betreur het dat jij jezelf nooit hebt kunnen bewonderen in een spiegel, dat alleen anderen dat konden, dat het altijd donker bleef, waar je ook ging. Meermalen heb ik mij – als het ware in jouw plaats – voorgesteld hoe je er naakt uitzag: in het licht, omgeven door spiegels, in het braille van je kippenvel. Blinden beschikken niet over het vermogen naakt te zijn. Blinden hebben altijd kleren aan. En vooral: blinden hebben geen spiegels. Tenminste, dat denk ík.

Je bent, Wipke, nu twee keer blind. Enkele dagen geleden, net voor ik naar hier vertrokken ben, heb ik het nieuws vernomen. Van die lange slome jongen die soms naast je liep wanneer je hier later op de dag ook nog eens voorbijkwam. Of om precies te zijn: mijn buurman heeft het van hem vernomen en het mij verteld. Ik wou dat ik je kon laten zien, dat ik je weer kon laten zingen, bevlogener dan al mijn concurrenten in dat gigantische bordeel dat de natuur is. Garage-rock.

Op dit eigenste ogenblik is in het vaderland je uitvaart aan de gang. Zelfs als dat had gekund, dan nog zou ik niet gekomen zijn. Ik schrijf je uit Miliá, op Kreta. Ook in mei ben ik al in deze streek geweest. Terugkeren is het enige medicijn dat helpt tegen heimwee.

Ik wil je naar aanleiding van je overlijden beschrijven wat je ook bij leven al gemist zou hebben. Omdat zien de minst bezitterige vorm van hebben is en omdat ik niet kan geloven dat wij niet geboren zijn om te zien. Ik begrijp niet dat blinden kunnen sterven. Of betekent doodgaan voor hen – dat wil ik hopen – eindelijk een horizon krijgen, begiftigd worden met een Alziend Oog, het licht verwerven dat zij al die tijd hebben moeten missen, inclusief de intrest hun opgeleverd door wie zich levenslang de ogen uit de kop heeft kunnen kijken? In dat geval is mijn beschrijving van Miliá overbodig. Alleen: ik weet het niet zeker.

Mijn dorp ligt ingepakt tussen heuvelruggen. Je kunt er alleen te voet in, maar zelfs wandelkaarten vermelden het niet. Het lijkt of het niet bestaat en ik weet ook waarom: het is – vergeef mij het cliché – het paradijs; het smeekt erom verzwegen te worden. Er staan acht of negen huizen, in de vorige eeuw tot ruïnes vervallen en vanaf de jaren tachtig heropgebouwd. 's Ochtends en 's avonds hangt hier een bedwelmende kamperfoeliegeur.

Stroomvoorziening is er nauwelijks. Eén enkele koelkast draait zonder veel enthousiasme op zonne-energie. Voor de rest moet je je behelpen met kaarsen en petroleumlampen. De klassieke schaapherders en boeren van vroeger hebben de baan geruimd voor onbespoten twintigers die autarkisch leven. Ze kweken hun eigen groenten, hebben een kleine veestapel, produceren kaas, honing en wijn, en stoken raki. Op dat laatste na alles zo gezond dat het, of je dat nu wilt of niet, je verdomde plicht is honderd te worden (iets anders dan je povere drieëntwintig!). Maar roken doen ze wel, haast even vurig als ikzelf, wat mij zeer voor hen inneemt, want van te veel zuiverheid krijg ik het benauwd.

Ik heb al mijn zintuigen meegebracht. Bijvoorbeeld mijn smaak. Ik stam uit een provincie waar het zwijn hoog in aanzien staat. Je zou kunnen denken dat het daar is, in West-Vlaanderen, dat je wezen moet als je weer eens trek in zo'n succulent gebraad of enige corpulente koteletten hebt. Vergeet het. In Miliá, op dit om zijn schapen en geiten bezongen eiland, heb ik gisteravond het allerlekkerste varken genoten, zo'n scharrelvarken, eenvoudig bereid in olijfolie en bestrooid met oregano. God hebbe zijn ziel. (En ik zijn lichaam: dat lijkt mij een eerlijke deal.)

Maar ook mijn oren heb ik meegebracht. De onzichtbare ezel die tegen zonsondergang zo smartelijk begint te balken, alsof niet alleen de dag, maar ook de planeet op het punt staat te vergaan, ik zal hem niet licht vergeten.

En dan wat ik gezien heb. Landschap, oogverblindend landschap. Zelfs de nacht nodigt hier uit tot kijken. Op het platte dak van een van de huizen stonden wij gisteren tegen twaalven in stomme bewondering naar boven te gapen. Even vroeg ik mij af wat er van jouw geleidehond geworden was; in de vallei weerklonk zo nu en dan geblaf. Verder was het geheel en al stil. Meer dan het gebalk van de ezel eerder op de dag was het de stilte van de sterren die door merg en been sneed. En ik besefte: dit is het ogenblik dat zien in horen overgaat. Onvermijdelijk dacht ik aan jou.

Wreed is het, dat zich in de wereld nog plekken bevinden die te mooi zijn om te zien. Nog wreder is het die niet te kúnnen zien. Ik weet dat blinden daar anders over denken: missen is een kwestie van vergelijken. Net als heimwee overigens. Teruggaan – hoe ouder ik word, hoe meer ik dat wil. Maar is het ooit echt anders geweest? Ik wil weg en terug, weg en terug, een zwerver op zoek naar een huis dat nergens te vinden is. Misschien ben ik blinder dan jij. En eigenlijk ben ik ook geen zwerver, want daarvoor zoek ik te zeer naar wat mij vertrouwd is. Onlangs nog geschreven dat ik tussen moederschoten pendel. Dit dorp is er één van. Maar wat als je moeder een hoer was? Wij hadden allemaal gedroomd van een wereld vol tepels, maar moeten het stellen met een die tot in het uur van onze dood uit fopspenen zal bestaan.

Meer dan naar varkens of ezels, meer dan naar sterren zelfs, gaat mijn aandacht naar mensen. En zo komt het dat ik mij, toen ik hier op die eretribune onder de hemel stond, allerlei vragen over jou stelde. Hoe het heimwee van een blinde eruitziet. Of jij niet veeleer rumoer verkoos boven die rare stilte waarop sommige zienden gesteld zijn. Hoeveel lawaai de aarde moest maken om te bewijzen dat zij er ook voor jou was. En ten slotte: waarom, waaraan, waar en hoe je gestorven bent. Ik zal, Wipke, wanneer ik terugkom, het getik van je stok op de plaveien missen. Je ravenzwarte haar en je neusbelletje zal ik missen. Ik zal, als het zomer wordt, de vogels met hun baldadige decibels nog meer verfoeien: omdat ze jou niet langer voorafgaan. Maar misschien zal ik nog het vaakst terugdenken aan dat leren jack waarin je inmiddels niet alleen mij, maar de hele wereld de rug hebt toegekeerd en waarop een vraag stond die wij ons allen stellen, maar die ik, hoe lang ik je ook overleef, nooit zal kunnen beantwoorden: 'Is this me?'

Veel liefs,
L.

Brief aan mijn grootvader

Hasselt, 15 oktober 1999

Mijn dierbare opa Knor,

Dit is de laatste keer dat ik over je schrijf. Het is genoeg geweest, jouw oorlog is voorbij en je hebt getriomfeerd. Het is tien uur in de avond, het einde van een droge zonnige herfstdag. De berk in mijn tuin is aan zijn ouderdom begonnen; drie, vier leeuwenbekken zijn nog zuinig aan het nabloeien en de traagste nachtschone staat nu ook al in het zaad. Niet dat dit jou één moer zal interesseren. Je vond bloeien al een vorm van verspilling, laat staan verwelken. De natuur diende haar plaats te kennen: buiten, in godsnaam buiten, zeker niet op de salontafel, hooguit in documentaires op – godbetert – de televisie, die jij overigens zo verfoeide dat je zelfs de uitvinding van de elektriciteit leek te betreuren. Maar doordat ergernis je nu eenmaal in leven hield, kon je dat ding niet één moment missen. Behalve de laatste maanden dan. Toen je er niet langer naar keek, wist ik je einde nabij. Je werd hoe langer hoe beminnelijker, hoe langer hoe doder. En nu ben je dat helemaal: beminnelijk en dood.

Het is vandaag precies twee weken geleden. Een vat waarin zich haast een volledige eeuw aan herinneringen bevond, werd een urne van dertig centimeter hoog. Om met Van Ostaijen te spreken: 'Ieder mens die sterft is een museum dat brandt.' Waarom toch koos je voor crematie? Bang dat je levend begraven zou worden? Vastberaden de duivel een loer te draaien zodra zou blijken dat er niets meer van je over was dat hij kon opstoken in zijn hel? Of wou je misschien je laatste geheimen beveiligen door die zelfs in het graf niet mee te nemen?

't Was een lang afscheid. En makkelijk heb je het ons niet gemaakt. Donderdag de dodenmis. Honderdvijftig kilometer bij je vandaan stegen er plots (witte) rookpluimen uit mijn autootje op. Ik was in paniek en tegelijk dacht ik: habemus

Papam. Een taxi bracht me nog net op tijd tot aan de kapel van je Kortrijkse home. Ik had muziek voor je uitgekozen. Bach, Purcell, Fauré, en natuurlijk – niet geheel zonder ironie – iets van jouw Puccini: 'O mio babbino caro', o mijn lieve pappie.

Eén dag later moest jouw urne naar het kerkhof van Deerlijk om er bijgezet te worden op de plek waar Liesje sinds vorig jaar decent en als een normaal mens begraven lag. Je was daar nooit geweest. Al die tijd had zij er alleen gelegen, even toegewijd op je wachtend als in haar jonge jaren, toen het jou nog beliefde tot midden in de nacht de kroegen te frequenteren en er in de billen van de diensters te knijpen. Aarzelend tussen verweesdheid en vrolijkheid stonden wij met zijn vijven op de dodenakker: mijn drie neven, Totje en ik. Het was onwaarschijnlijk dat jij in de hemel geloofde, maar je wilde er in elk geval niet naartoe. Het hiernamaals was je te ver en je kon maar beter op jezelf dan op de eeuwigheid vertrouwen. Een priester was er niet. Die zou je zielenrust alleen maar verstoord hebben. Zonder daarom op de duivel gesteld te zijn droeg je Gods butlers – op een enkele uitzondering na – niet in het hart, de antieke net zomin als de progressieve; de emballage van de leugen deed er niet toe. En toen de urne in de kuil ging, was het eerste wat ik dacht: Liesje, jóuw vrouw en míjn beminde, zij mag dan al ruim anderhalf jaar dood zijn, nog steeds is er meer van haar over dan van jou. Zelfs met haar lijk blijft zij langer, zelfs met haar lijk is zij trouwer.

Mijn dierbare – ik wil niet zeggen 'lieve', want behalve aan het eind is dat woord nooit erg van toepassing op je geweest – mijn dierbare Knor dus, op zaterdag 2 oktober, één dag na je crematie, vond ook nog eens je verjaardag plaats. Je was er dan godzijdank al niet meer bij. Op verjaardagen had je het niet begrepen. Verjaardagen waren begrafenissen, begrafenissen van jezelf. Eenennegentig had je er al moeten doorstaan; die tweeënnegentigste was er nu werkelijk te veel aan.

Wanneer iemand je de laatste jaren vroeg hoe je het stelde, antwoordde je: 'Nog een duwtje en we zijn er.' Of – uit je voorliefde voor het Frans: 'A défaut de grives on mange des merles.' Soms zei je ook: "t Zijn lange dagen.' En inderdaad, de dagen werden langer naarmate er minder van over waren. Niettemin wou je in leven blijven, al was het maar omdat je niet graag verhuisde. Die acht kilometer bijvoorbeeld van Deerlijk naar Kortrijk leken jou een wereldreis. En reizen waren hinderlagen van de dood.

Je was bang. Nu, toen, altijd. Zo bang was je om – zoals je dat schamper noemde – te 'creperen' dat je gemakshalve maar besloot een en ander tot na je negentigste uit te stellen. Je begon 'ja' te zeggen. 'Ja' was ook je laatste woord. Afkomstig van iemand als jij, vermaard om zijn 'neen', kon dat als *famous last word* beslist tellen. Alleen luidde de vraag die eraan voorafging of je nog wat wijn wilde.

Echt praten kon je de laatste dagen overigens niet meer. Je was aangewezen op degenen die de antwoorden kenden op vragen die jij niet meer stellen kon. Tot tien minuten voor je einde, toen zelfs drinken niet meer ging, doopten twee waarlijk geniale verpleegsters kompresdoekjes in je 'vin du patron' en lieten die uitdruppen in je mond. Je zult je thuis hebben gevoeld. Temeer doordat jonge vrouwen de laatsten waren voor wie je nog een glimlach opbrengen kon.

Mijn dierbare Knor, met tegenzin sta ik tegenwoordig op. Herfst is het seizoen waarin ik vind dat die tippelaarster van een natuur moet tippelen waar het pas geeft: buiten. Maar op mijn salontafel duld ík nu wel een cyclaam met paarsroze bloemen. Kort na je overlijden heb ik die van Totje gekregen. Wij hebben hem ook een naam gegeven: Knorrie. Dat iets bereid is te bloeien, ik snap het evenmin als jij. Ik begin op je te lijken, verdomd als het niet waar is. De nacht voor je ging, zaten wij met zijn tweeën, mijn lief en ik, bij je bed te 'waken'. Jij lag met open mond te sterven, ik met open mond te slapen.

Totje maakte mij wakker en zei: 'Stop nu maar met sterven. De dood zal niet weten wie hij moet komen halen. Die met open mond? Allemaal goed en wel, maar wie van de twee?' Ze kreeg gelijk. Hij wachtte tot de volgende ochtend, de dood, zodra mijn mond weer dicht was en die van jou niet meer dicht kon. Je leek gedecideerd om, zelfs overleden, nog iets te brommen. Jij met je grote muil.

Het was geen wonder dat je helder van geest ging, maar wel dat jij die altijd zo rusteloos, zo waakzaam en zo argwanend was geweest, dat toch nog sereen en zonder morren deed. Jammer dat het je voor je magnifieke zwarte humor aan kracht ontbrak. Ik had gehoopt op een giftige scheldtirade, maar kennelijk had jij met je dood een minnelijke schikking getroffen. Je kreeg het voor mekaar te overlijden alsof je de laatste supporter van jezelf geworden was: 'Courage, nog een duwtje en we zijn er.'

Mijn dierbare Knor, mijn onvergetelijke, titanische brombeer, het ging je uiteindelijk allemaal beter af dan gevreesd; jij was een van die stervenden die zichzelf altijd onderschat blijken te hebben. Totje pakte je ene hand vast, ik je andere. Je hield je adem in. Ik sloot je ogen. Voor het eerst trok je, zonder al te veel tegenzin, op wereldreis.

Liefs,
Luuk

Brief aan een jonge lezer

Hasselt, 22 november 1999

Beste kerel,

Een ramp is het, dat je leraar (een regelrechte sadist, als je 't mij vraagt) je heeft opgedragen een spreekbeurt te houden over mijn leven en niet over mijn werk, want mijn leven stelt nauwelijks iets voor. Ik ben altijd te verlegen geweest om te leven; leven, het is – echt waar – nooit *my cup of tea* geweest. En dat je al meteen bij mijn afstamming, mijn verwekking en mijn kinderjaren in de knoei komt te zitten, en vooral daar, zoals je zelf zegt – ik kan er alleen maar begrip voor opbrengen, veel begrip. Dat was namelijk ook het punt waar het bij mij fout begon te lopen. Ik heb met je te doen en ik kan, doordat je net als ik van Deerlijk bent, als rechtschapen mens en buitendien begiftigd met een nogal tranerige ziel, niets anders doen dan je als de wiedeweerga te hulp snellen. Je vraagt mij ook wat ik uit de vorige eeuw wil meenemen naar de volgende. Het is een vraag die tegenwoordig overal aan de orde van de dag is, maar vooruit dan maar.

Mijn moeder, Buysschaert Christiane Odile Rosa, trad – anders dan je dacht – op 22 april 1952 in het huwelijk met mijn toekomstige verwekker, Gruwez Jimmy Elias Gwijde Hugo. In of – beter – *te* Deerlijk, zoals dat toentertijd nog heette; alles was toen *te*. Het was werkelijk het stomste wat zij ooit gedaan heeft, mijn moeder. Niet omdat mijn vader de verkeerde partij voor haar was (elke partij zou de verkeerde geweest zijn), maar omdat zij door haar huwelijk meer dan eender wie veranderde van iemand die kon kiezen in iemand die gekozen had. Mijn moeder had nooit de vergissing mogen begaan een keuze te maken, temeer doordat zij die levenslang trouw bleef, geheel overeenkomstig artikel 213a, boek I, titel V, hoofdstuk VI uit het Burgerlijk Wetboek: dat de vrouw haar man gehoorzaamheid verschuldigd is.

Een zeldzame keer snuffel ik aan het trouwboekje, dat een uittreksel uit hogergenoemde wet bevat. Het ruikt nog precies hetzelfde als in 1983, toen ik het erfde: niet fris, maar evenmin muf. Het verspreidt de zelfzekere, deftige, onveranderlijke geur uit een tijd waarin papier nog van belang was en huwelijken, alleen al doordat zij opgeschreven waren, voor de eeuwigheid bestemd leken. Aangezien ik vermoed dat dit document, monument par excellence van burgerlijke hypocrisie, ook al zo rook toen mijn ouders trouwden, stelt het mij gerust. Oké, zij mogen dan wel gestorven zijn, maar zij zijn nog bij elkaar en zullen dat altijd blijven. Bovendien is het voor mijn moeder nu sowieso veel te laat om haar keuze ongedaan te maken.

Uit de familiesaga, die door mijn oma ijverig werd bijgehouden, weet ik dat de bruiloft heel bijzonder was. Er hing een fraaie lentezon boven Deerlijk. Het hele dorp wilde per se meemaken hoe het mooiste meisje (dochter van een der toentertijd rijkste ingezetenen) haar dromen contractueel de mond liet snoeren. Er was politie-escorte. Gods huis zat vol. Voor de poort stonden enkele tientallen nieuwsgierigen elkaar te verdringen. Hoewel zij door haar vader werd geflankeerd, stapte de Grace Kelly van Deerlijk naar het altaar als naar een schavot. Vanzelfsprekend was zij nog onkundig van het feit dat in diezelfde kerk, dertig jaar later, haar uitvaartdienst zou plaatsvinden, zij het met heel wat minder bombarie.

Mijn moeder bestond uit haar kleren. Haar kleren waren haar dromen. Daarin verschilde zij niet van massa's andere meisjes. Ik heb foto's van de heuglijke dag. Mijn vader, gehoorzaam aan de wensen van de fotograaf, ontbloot telkens weer een rij hagelwitte tanden. Hij lijkt een beetje op de jonge Marlon Brando, hoewel hij aimabeler en minder zelfzeker oogt. Ook mijn moeder staat er met een glimlach op, maar dan een van een andere signatuur, zachter en melancholieker. Verscheidene trouwportretten hangen in het trapportaal van mijn huidige woning. Nog steeds is daarop de fameuze bruidsjapon te bewonderen, die nu al zesenveertig jaar niet meer bestaat. Hoe dat komt? Doordat ik zelf al zo lang besta.

Die japon, heel vaak heb ik hem horen prijzen. Soms door mijn moeder zelf, toen zij al lang niet meer voldoende gefortuneerd was om zich dure dingen te veroorloven en, na een smachtende omgang langs de chicste boetieks van Kortrijk, steevast bij de C&A eindigde. Meestal had zij tranen in de ogen wanneer zij het over haar matrimoniale tooi had. Maar ook mijn grootouders van moederszijde roemden die. Zij waren de eigenaars van een weverij en uit hoofde daarvan etaleerden zij bij tijd en wijle hun kennis van textiel. 'Zilverbrokaat,' zei mijn oma, verwijzend naar haar dochters trouwtenue, en mijn opa: 'Maken ze niet meer.'

Tot vlak voor haar dementie, toen ik de kaap van de veertig al gerond had, vond mijn grootmoeder overigens dat ik er maar slonzig bij liep, in kleren die niet op bestendigheid berekend waren. Zij was dol op mij, vertrouwde blindelings op mijn geest, maar had haar bedenkingen bij de wijze waarop die verpakt was. En ik zei veel te vaak 'wij' wanneer ik me verborg achter de usances van een generatie die ik, uitsluitend doordat ze jonger was, meer gezag meende te kunnen toedichten. 'Zilverbrokaat,' zei mijn oma. 'Dat maken ze niet meer,' beaamde mijn opa.

Mijn vader is het eerst gegaan; luttele weken daarna mijn moeder, verzot op imitatie. Pas vorig jaar is mijn oma gestorven en enkele maanden geleden mijn opa. Maar íets van dat zilverbrokaat is gebleven en ligt nu in een kast van mijn slaapkamer, vlak bij het bed dat ik geërfd heb en waarin ik – naar ik aanneem – ook verwekt ben. *Iets* van dat zilverbrokaat. Niet de hele bruidsjurk. Aangezien je, naar goed fatsoen, maar één keer koos, maar één keer trouwde en daarna nooit meer, zeker niet in hetzelfde uniform, kreeg een deskundige couturière in de late lente van 1953, enkele maanden voor mijn geboorte, de zuinige opdracht het plechtige gewaad om te toveren in een niet minder ceremonieel doopkleedje.

Gedoopt ben ik dus. Niet dat dit mij trots stemt, maar de gedecideerde heiden die ik thans ben, schaamt er zich ook niet over. Trouwens, over God en zijn hiernamaals haalden mijn ouders in hun laatste jaren zelf hun schouders op, nadat zij tijdens mijn prilste jeugd, ten behoeve van de goegemeente, eerst nog de schijn van praktiserende katholieken hoog hadden gehouden. Ik ben gedoopt en werd voor die feestelijkheid in mijn moeders zilverbrokaat geëmballeerd. Dat ik dan toch minstens één keer in mijn leven goedgekleed geweest ben, moet geheel op conto van mijn oma geschreven worden. Zij had de omvorming van de japon gesuggereerd en betaald.

Van haar heb ik tijdens een van haar laatste heldere maanden het doopkleedje cadeau gekregen. Decennialang had het, meticuleus verpakt, in een olijfhouten kast gelegen, beschut achter een arsenaal van afgedankte pelzen, achterhaalde hoeden en gedemodeerde stropdassen – perfecte entourage voor zoiets nutteloos als de fetisj van mijn geboorte. Op zekere dag, nadat mijn grootmoeder het ten langen leste uit zijn schuilplaats bevrijd had, stond ze vreselijk te schutteren. Zij kwam, pakje onder de arm, naar mij toe en had moeite met haar woorden. Dat dít van mijn moeder was, dat zei ze. Ik wist wat zij nog meer bedoelde. Haar eigen einde, het einde van haar dochter, mijn begin – alles ineen. En dat ik vanaf nu maar eens goedgekleed moest gaan. Dat laatste maakte ik ervan.

Niet omdat ik zo vervuld zou zijn van mezelf of van mijn geboorte – laat staan van mijn doopsel – maar ter wille van mijn grootmoeder en mijn moeder, ter wille van wat dood en voorbij is en tegelijk niet dood en niet voorbij, ter wille van 'alles ineen' moet dat kleedje nu mee naar de volgende eeuw. Het is 1953, het is 1983, 1998 en 1999. Het is de tweede helft van een eeuw met eeuwenoude blunders. Ik drapeer het precieuze textieltje soms over mijn schouders in een idiote, gedoemde poging eindelijk nog eens in mezelf te passen, eindelijk nog eens verenigd te worden met wat mij verlaten heeft, nog één keer van de twintigste eeuw te zijn. Maar ik ben al van een nieuwe.

Van ganser harte,
L.

Tweede brief aan Paul van Nevel

Ménerbes, 7 september 2000

Beste Paul,

Wij zitten in hetzelfde zuiden nu: jij in je Languedoc, ik op ons vertrouwde adres in de Provence. Mistral suist hier om het huis bij een weliswaar staalblauwe hemel. De hel van de herfst wordt ons voorlopig nog bespaard. Dat ik straks, om met Herman de Coninck te spreken, de bladeren terug aan de bomen moet hangen – ik mag, ik wil er niet aan denken. Maar helaas, ik moet eraan denken. Ik schrijf je op briefpapier dat ik in december 1991, daags voor Totje chemotherapie moest ondergaan, meegenomen heb uit ons hotel in Boedapest, alwaar ik meer met de gezwelletjes in haar hals en in haar oksel begaan was dan met de piano's van Liszt op de Andrassi Ut, het jodenkwartier of de *zomloi galusha* in patisserie Gerbeaud.

Het is al van augustus 1983 geleden dat ook wij in de Languedoc verbleven hebben, ergens in de buurt van Limoux. In Véraza, een schilderachtig dorpje in de heuvels, huurden wij toen een huis dat aan het kerkhof paalde. De hemel was er die dagen geregeld bekleed met Indian-summerachtige sluiers en na de middag liep de temperatuur er soms op tot tegen de veertig graden. Op een dag kolkte de benzine spontaan uit de tank van onze auto, die op het kerkhofpleintje geparkeerd stond. Ik ben er zeker van dat de plaatselijke doden na middernacht hun zerken op een kier zetten om toch een beetje naar adem te kunnen happen.

Onze huisbaas heette monsieur Guillem. Hij was een vinnige veertiger, communist en oud-burgemeester, type Pepone, maar hartelijker en met een ziel, veel zuidelijker dan mediterraan. Bovendien was hij een onverbeterlijke fratsenmaker. Op een middag flitste hij voorbij ons raam, 'Au feu! Au feu!' schreeuwende. Ik dacht eerst: hier trap ik niet in, laat hem maar rennen, die clown. Maar deze keer was het hem ernst. Ik was erin geslaagd een van de twee of drie vuilnisbakken die Véraza rijk was, in de fik te steken. De avond daarvoor had ik daar namelijk de mijns inziens totaal uitgedoofde as van ons houtskoolvuur in gekieperd. De hele nacht was zij kennelijk toch blijven smeulen met rond de middag het bekende resultaat. Ik schaamde mij diep, maar Pepone vond het niet erg. Integendeel, hij vond mijn stupiditeit bijzonder vermakelijk. Overigens was het hem niet toegestaan te schreeuwen, want hij kon nog niet lang opnieuw praten. Een tumor, 'grand comme un oeuf', was uit zijn keel verwijderd, maar het was natuurlijk geen kanker, welnee, het was iets volkomen onschuldigs – 'pas maligne du tout!' Daar wenste hij dag na dag met schorre stem de nadruk op te leggen.

Op het ogenblik dat wij afscheid van elkaar namen, beloofde hij dat hij ons zou schrijven, ons zou bellen en dat wij elkaar vast snel zouden terugzien, rond Kerstmis al of anders in de paasvakantie. Maar op mijn zending met foto's en op de brieven waarin ik herhaaldelijk informeerde naar zijn gezondheid, kwam nooit antwoord.

Er brak een nieuwe zomer aan en wij trokken door Tsjecho-Slowakije en bezochten in Polen Krakau, Auschwitz en Birkenau. Vele daaropvolgende juli- en augustusmaanden brachten wij hier door, in Ménerbes, of beter: tussen Ménerbes en Lacoste, waar zich het ouderlijke kasteel van Sade bevindt, of tenminste wat daarvan nog rest en voorzover het niet compleet teloor is gegaan in de mallote 'restauratiewerken' van de boyscouts die het jarenlang, op vrijwillige basis, zijn komen 'opknappen'. Ik weet stellig welk lot de goddelijke markies voor hen in petto zou hebben gehad, als hij hun tijdgenoot was geweest.

Maar goed, monsieur Guillem verdween intussen nooit helemaal uit onze gedachten. Vaak vroegen wij ons af wat er van hem geworden was, maar nooit, geen enkele zomer, gingen wij nog terug naar de Languedoc. Tot op de huidige dag denk ik dat het ei in zijn keel wel degelijk 'maligne' geweest is en dat de Grote Kip verse eieren in zijn lijf heeft gelegd, die inmiddels allemaal zijn uitgebroed. En dat, wanneer tijdens een zomernacht op het kerkhof van Véraza de hitte nog altijd ondraaglijk is, een van de eersten die zijn grafplaat op een kier zet, monsieur Guillem is, de burgemeester van de doden, degene die van alle doden de helderste stem gekregen heeft. En dat hij maar een paar woorden roept, waarop niemand reageert omdat iedereen ervoor beducht is weer eens in de maling genomen te worden: 'Au feu!'

Weten zij veel, de doden: wat er met hen gebeurt lang nadat zij hier weggegaan zijn, hoe wij hen in onze herinnering vervormen, hoe wij het vuur nog enkele keren in hen aanwakkeren tot zij ongemerkt voorgoed zijn uitgedoofd. Vorige week is oudtante Germaine overleden, de zus van oma Liesje, zevenennegentig jaar oud. Jij kent haar ook een beetje, want zij figureert in mijn *Wangen*-boek, waar zij als 'bleek' en 'lief' omschreven wordt. Zij had eigenlijk al tijdens de Eerste Wereldoorlog aan een of ander wurgend abces moeten overlijden, maar dat is toen niet gelukt. Ik heb haar dood vernomen uit de krant die ik weliswaar uit het vaderland heb meegebracht, maar pas hier heb gelezen. Nu is er van al Liesjes zussen en broers niemand meer in leven. Weer een tijdperk voorbij.

Ook dood: Arnaud, toch nog in de vijftig geworden. Hij was de enige bedelaar van Ménerbes en van stinkend rijke origine. Hij had op het landgoed van zijn ouders kunnen wonen, maar gaf er de voorkeur aan in het stro te slapen. Uit het straatbeeld was hij niet weg te branden en hij stelde de voorbijgangers onveranderlijk maar één vraag: 'Vous n'avez-pas dix francs?' Al vele jaren kon je hem van ver horen hoesten en rochelen. Wij liepen hem altijd straal voorbij, hoewel wij in zekere zin sympathie voor hem hadden. De voorbije winter begon hij plots bloed te spuwen. Uiteindelijk heeft hij zich doodgehoest op de plek waar hij altijd al had thuisgehoord, op straat dus.

Er zijn op dit ogenblik over heel Frankrijk acties van vrachtwagenchauffeurs tegen de hoge benzineprijzen. In het departement Vaucluse is nog nauwelijks één drup 'eurosuper sans plomb' te krijgen. Misschien raken wij voor het (echte) eind van deze eeuw niet meer in België, behalve na achterlating van have en goed. Het zij zo. Mistral blijft intussen maar suizen. In de wijngaarden rondom ons huis is de druivenpluk volop begonnen. Buiten, op het terras, zit Totje een kookboek met Provençaalse gerechten te bestuderen en straks moeten wij in de 'coöpérative' onze voorraad landwijn (een eenvoudige, maar verdienstelijke Côtes du Lubéron) betrekken. Er is nog kaas, er is nog knoflook, er zijn nog uien en tomaten in overvloed. Maar de zomer? Neen, de zomer is nu bijna op.

Van harte,
Luuk

Het hummeljaar

Het jaar ’01

Januari

Er zijn zo van die maanden dat je wou dat het jaar voorbij was, dat een hele eeuw en een heel millennium dat waren. En zie, je wordt op je wenken bediend. Alleen die ene maand wil maar niet weg, die wil zowaar alleen maar beginnen. Is januari van alle maanden niet de hypocrietste, de lafste, de minst betrouwbare en de meest leugenachtige? Is het niet de maand van de illusie? Oké, de illusie, daar is op zich niets tegen, zult u zeggen, want bij gebrek daaraan had vrijwel iedereen zich allang verhangen. (Het leven is namelijk enkel een beetje prettig wanneer je doet alsof het dat is, en het nog zelf gelooft ook.) Akkoord. Maar dat zo'n eerste maand, zo'n eerste jaar en zo'n nieuwe eeuw ons met vereende krachten tot een schone lei proberen te verleiden, het komt mij zoetjesaan de strot uit. Dat je vanaf januari je leven dient te veranderen, met roken moet ophouden, je vrouw niet langer mag afrossen en in het fitnesscentrum je hardnekkige embonpoint moet bestrijden – ook u hebt het vast allemaal één keer te vaak gehoord.

En toch moet ik hier ootmoedig bekennen dat ik mij samen met mijn vriendin sinds kort – per automobiel uiteraard – naar het vlakbij gelegen fitnesscentrum begeef. Onder de geluidspollutie van Radio Donna en in het gezelschap van andere decente bejaarden wek ik daar al mijn eendrachtig overleden spieren opnieuw tot leven. Mijn lichaam is kennelijk altijd een soort grafkelder geweest, waaruit mijn ziel tot eenieders verbazing nooit heeft kunnen ontsnappen.

Maar goed. Thans beschik ik dus over een fitnessbroek, over een T-shirt met fluorescente letters en natuurlijk ook over een *trainingsschema*. Vastgesnoerd aan foltertuigen of worgpalen breng ik 's maandags spieren in stelling die ik voor het laatst in de moederschoot gebruikt heb, waarna ik mij tot vrijdag over algehele stramheid mag verheugen. Ik doe niet eens aan zelfbeklag: dit is het welverdiende loon van een gecraqueleerde *soixante-huitard* die zijn penopauzale lusteloosheid wil wegmoffelen.

Er is nog iets wat ik met as op het hoofd bekennen moet, iets waaruit mijn onherroepelijke verloedering blijkt: sinds kort ben ik met roken opgehouden. Dat is, toegegeven, nog steeds een netelige kwestie. Ik ben namelijk smoorverliefd op mijn sigaretten. Nu ik die moet missen, ben ik aan het verbultenaren van het liefdesverdriet. Zelfs aan mijn ontwenningsverschijnselen ben ik inmiddels verslaafd. Het probleem is overigens niet dat ik geen wilskracht heb, maar dat ik meestal geen wilskracht wil hebben. Ik zie er het nut niet van in. Wilskracht is hooguit geschikt om te streven naar wat maar één enkele zucht in de eeuwigheid bereikbaar is.

Niettemin probeer ik nu te restaureren wat ik in mijn kettingrokende lijf de laatste dertig jaar vastberaden verwoest heb. Ik beef. Ik zweet. Tijdens blanke nachten raak ik verwikkeld in penibele schermutselingen met draken en demonen, dragonders en monsters, bekende naasten e tutti quanti. Want mijn *light cigarettes* blijken ineens een vreselijke harddrug. Mijn hele metabolisme – wat zeg ik? – al mijn cellen schreeuwen, kermen, bulderen: 'Geef ons tabak, teer, nicotine, NU! Geef ons alle chemicaliën van de aarde. Lever ons alstublieft uit, cito presto of nog sneller, aan alles wat ongezond is.' Maar ik houd het been stijf en ik zeg nee uit pure bibberatie. Ik buig voor de gezondheidscultus. Het is, als u het mij vraagt, ongetwijfeld allemaal de schuld van januari, die malafide zedenpreker die iedereen beveelt zijn leven te beteren.

Je hebt er geen flauw benul van wie Robbie Williams of Eminem is, en veel te lang blijf je dwepen met Janis Joplin of Françoise Hardy. Je navelstreng is nog niet helemaal doorgeknipt of je bent al een oude zak en er is niemand meer die je nog moet. Dat is in januari, wanneer alles zogezegd begint, verreweg de enige waarheid. Elke dag een dag dichter bij de dag van de dood: ziedaar de baldadige tragiek van nieuwjaar. Nieuwjaar met zijn ontembare katers, met zijn imbeciele schansspringen uit Garmisch-Partenkirchen, met zijn steriele walsen en polka's uit het Wiener Musikverein en zijn gevederde danseressen van de Moulin Rouge, de Paradis Latin of de Crazy Horse – allemaal vind ik het even vreugdevol als de vervaldatum van een camembertkaasje of de teraardebestelling van een doodgeknuppeld kind.

Maar bon, ik zál ophouden met roken. Bon, ik zál mijn sedentaire bestaan een paar keer onderbreken voor conditietraining. Bon, ik zál luisteren naar de noodkreten van mijn lijf. Alleen wil en zal ik mijn leven niet beteren. Simpelweg omdat dit niet meer voor verbetering vatbaar is: het beste is voorbij. Vanaf nu gaat het joelend, jodelend en doedelend naar de bliksem. Alleen wil ik, zodra mijn laatste dag aanbreekt, doen alsof ik iets te vieren heb, een overwinning bijvoorbeeld. Ik hoop mijn goedgelovige dood ervan te kunnen overtuigen dat niet ik, maar hij het onderspit moet delven. Laat dan zijn bedienden komen, zijn pages en zijn koelies, en laten zij zich verwonderen over het fenomenale optimisme van mijn lijk. Ik heb, echt waar, een uitvoerig programma klaar voor die fameuze laatste dag. Alleen: ik wíl die dag helemaal niet. En dus tijg ik pietluttigerwijs naar het fitnesscentrum en ik doe afstand van de sigaret.

En dan heb ik het alleen nog maar over mijn schamele zelf. Hoe zit dat met de mensheid in haar geheel? Wat is er geworden van de lui die in januari 1901 het glas hebben geheven op de inmiddels voorbije honderd jaar of – nog beter – van degenen die in 1001 tussen het harpoeneren van een potvis en het onteren van enige plaatselijke gratiën heildronken op hun eigen tijdsgewricht hebben uitgebracht? Waar gaan allen toch naartoe als zij verdwijnen? Voor zij het weet, bestaat de hele mensheid uit oude zakken, in welke eeuw dan ook. Je mag er niet aan denken wat een mal figuur wij als twintigste- en eenentwintigste-eeuwers zullen slaan bij de oneindig superieure wezens die er in 2300 komen. Ik voorzie voor soortgenoten van straks nauwelijks een betere toekomst dan voor het vee op de markten van Anderlecht en Ciney. In het beste geval – als zij goedgeluimd zijn – zullen ze naar ons komen kijken en ons een bron van vermaak vinden en ons voederen.

Ik mopper eigenlijk vooral omdat het zo oplucht. Er is namelijk ook iets loffelijks aan januari. Het is de maand van de opruiming. Wat mag er – met uitsluiting van mijn lief, mezelf en zo nog een paar anderen natuurlijk – niet allemaal weg? Kerstbomen bijvoorbeeld, evergreens die het ondanks hun naam niet vergund was eeuwig groen te blijven, evergreens die het niet 'gemaakt' hebben, omdat niets eeuwig groen blijft, zelfs evergreens niet. Agenda's vol nooit gerealiseerde plannen. En zeker ook wenskaarten van mensen van wie je dacht dat zij niet meer bestonden. Want ik neem eender wie tot getuige dat ik veel wenskaarten krijg, zoveel dat je zou kunnen denken dat ik nooit eenzaam geweest ben en dat ook nooit ofte nimmer nog zal wezen. (Maar waarom stuurt niemand mij van die goudbestofte sneeuwlandschappen uit mijn kinderjaren meer?) Allemaal kan het nu weg. Als niets voor de eeuwigheid mag zijn, zorg er dan op zijn minst voor dat je van de dagelijksheid geen last hebt, zo luidt mijn devies. Weg dus. Maar ik dwaal af.

Het stemt van de maand ook tot tevredenheid dat die sombere dagen van voor de jaarwisseling eindelijk voorbij zijn, die dagen waarop enkel sneeuw de boel een beetje had kunnen opfleuren, maar dat zoals gewoonlijk vertikte. Hoewel ik nu zeur over januari, houd ik er dus eigenlijk ook van. Precies omdat het de eerste maand is die opnieuw belooft. Je vergeet er haast door dat zijn dagen veel te dikwijls grijs zijn, grijs in zo extreme mate, zo overtuigend, zo toonloos, zo humorloos grijs, dat de geringste opklaring wel vuurwerk lijkt. Op die paar stralende ochtenden is het dan namelijk precies of sommige struiken al van plan zijn uit te botten tot een brandend braambos. En dan ben ik het eens met collega Buddingh' zaliger: 'Hoe ouder je wordt, hoe vroeger je meent de lente te zien komen.' Januari belooft, zoals een politicus vlak voor de verkiezingen dat doet. En net als bij een politicus zijn het naderhand de anderen die tekortschieten. Het zijn de andere maanden die januari's belofte niet kunnen houden, die ons bedriegen en ons niet kunnen doen geloven dat er nooit een eind aan komt, dat alles alleen maar duizend keer begint. Ook januari is misschien hypocriet, maar o wat is hij, op een stralende winterochtend, een briljante leugenaar.

Februari

'Weer gaat de wereld als een meisjeskamer open.' Het is de eerste regel van 'Februarizon', het gedicht van Paul Rodenko. Laten wij teder zijn voor februari. Februari doet het licht weer aan. Februari is het tienermeisje, het Lolitaatje, het wat te groot geworden kindsterretje, het al behoorlijk wereldwijze puberprinsesje onder de maanden, dat een babydoll van sneeuwklokjes draagt en met een vingerknip de eerste krokussen en paasleliën te voorschijn tovert. Alle stimulantia van het verlangen heeft zij in voorraad. Omdat twee, drie dagen van haar afgeknabbeld zijn, is zij een majesteitje met een amputatie, zoals je die soms aantreft in de zeer gore boekjes voor de zeer zompige venten die te veel schoonheid ineens niet kunnen verdragen.

Ik ben niet fanatiek en of ik een zompige vent ben laat ik in het midden, maar het zij duidelijk dat ik een zwak voor februari heb. Nu ik hier alle maanden mag recenseren uit het grote theater van de natuur, met al zijn grandguignol, met al zijn soap, zijn variété, zijn tearjerkers en zijn zwarte komedies, kan ik niet verhullen dat ik tijdens februaridagen de ware toedracht begrijp van het cliché 'reikhalzend uitkijken'. Februari laat mij reikhalzend uitkijken, zelfs als die op druilerige dagen een pruillip opzet en de wenkbrauwen fronst alsof het heel erg bedenkelijk is een maand van maar achtentwintig dagen te zijn.

Er hangt, helaas enkel af en toe, iets ingewikkeld verkwikkends in de lucht, iets waarvoor er nog geen naam uitgevonden is. Vanuit mijn schrijfkamer zie ik neer op achtertuintjes. In een daarvan zijn twee vrouwen volop aan het snoeien. Het oude mag weg, moest eigenlijk al weg zijn, want zie, het nieuwe ligt klaar in de couveuse van de lente. Geef ons een maand, mijn buren en ik, en vanaf kinhoogte zichtbaar voor elkaar beginnen wij opgewonden aan onze haaggesprekken.

De buurman die mijn kin het best kent, is een gepensioneerde bouwvakker van 58, die dus – anders dan ik – echt weet wat werken is. Hij heet Harry. Ik vereer hem als het ongeveerde stamhoofd van het Runksterse reservaat waarin mijn eigen wigwam en die van hem zich bevinden (voor alle duidelijkheid: Runkst is een Hasseltse wijk). Nog nooit heeft hij de Noordzee gezien, Harry, laat staan de verre zeeën die op mijn sympathie kunnen rekenen. Vandaar dat hij er herhaaldelijk zijn onthutsing over uitdrukt dat ik zo vaak op reis ga, altijd naar elders hé, altijd naar heinde en verre, terwijl het voor hem geen enkele twijfel lijdt: elders is het enige synoniem van de hel. Het strekt in zijn optiek tot aanbeveling nog nooit de zee te hebben gezien. De zee beweegt te veel, de zee kan nooit eens rustig blijven liggen. Ook wat ík doe, schrijven, vindt hij maar vreemd. 'Wa hed dzjie toch vur 'n raar hobby,' zegt hij in zijn succulente Hasselts. Waarop ik, naar het oostfront geëmigreerde West-Vlaming, er maar van afzie te repliceren met 'Bakkendoe.' Wij verstaan elkaar, Harry en ik. Straks mag hij weer alle bloemen uit zijn tuintje fotograferen. Hij gaat op reis tussen zijn forsythia en zijn nachtschoon, tussen zijn tulpen en zijn aubrietia's, en daar vult hij zijn albums en zijn leven mee.

Of Harry, die altijd kraakzindelijkheid uitstraalt, net als ik een hekel aan Poepie heeft? Ik weet het niet. Poepie is de knotspoliep die hier tot voor kort twee keer per dag voorbijblubberde en die soms titanische driftbuien bij mij wist te genereren en zelfs, enkele jaren geleden al, een column in een krant. Poepie vertikte het namelijk steevast het gevoeg zijns honds van mijn stoep te verwijderen en hij vond het nog onbillijk ook dat ik hem ten aanhoren van heel Runkst uitkafferde. (Volkomen nutteloos overigens, want in een laxatief gedachtegoed als het zijne was alles enkel wind!) Thans heb ik evenwel niets dan goed nieuws te melden. Reeds op 3 februari is van ons verscheiden: Poepies Poepdoos.

Al sinds mijn eerste aanvaring met Poepie volgde ik zijn levenswandel alsook die van zijn poepdoos heel secuur. Eigenlijk had Poepie aanvankelijk twee poepdozen, een grote en een kleine. Dikwijls, in mijn boosaardigste dromen, zag ik hem met Ku-Klux-Klanachtige frietzak op zijn kop over mijn trottoir trekken. In een kennelijke poging zijn beide honden te imiteren, liet hij zijn tong een heel eind uit zijn bek hangen, ergens dwars door een gat in zijn puntmuts. Ik beleefde barre tijden. Tot een halfjaar geleden het tij plots keerde. Poepie had voortaan maar één poepdoos meer bij zich, de ultieme poepdoos, zeg maar. En de laatste tijd zag ik hen steeds trager over mijn trottoir sloffen. Zodat ik mij begon te realiseren: ofwel kan Poepies poepdoos niet sneller, ofwel is er met Poepie zelf iets aan de hand; in elk geval zal een van beiden dra zijn uitgepoept. En inderdaad, op zo'n frisse februariochtend bleek een immens wit blad met een tiental stroken kleefband tegen mijn brievenbus bevestigd. In vette rode drukletters, als het ware nog nalekkend van al het bloed dat een hondenleven lang door een hondenlijf had mogen stromen, en vergeven, echt vergeven van de uitroeptekens, stond daar te lezen: 'NU BLIJFT DE STOEP ZEER SCHOON!!!!! WANT ONZE HOND IS DOOD!!!!! BEDANKT VOOR DE MEDEWERKING!!!!!' In tegenstelling tot wat ik altijd had gedacht, kon deze beotiër dus schrijven. En dus ook lezen. Ik overwoog hem in geschrifte te condoleren met het heengaan van Poepdoos. Maar ik deed het niet. Februari pas, en ik was al nalatig.

Het geheugen is een machine, ontworpen om zoveel mogelijk heden te produceren door zoveel mogelijk verleden te recyclen. Het houdt ons jong en maakt ons tegelijk oud, ouder dan wij ooit geweest zijn. Om maar iets te noemen: in februari 1916 begon de slag om Verdun, de langste en – met zijn bijna één miljoen doden – ook de bloedigste van de Eerste Wereldoorlog. Ander feit: in de nacht van 27 op 28 februari van het jaar 1933 werd de Reichstag in lichtelaaie gezet, door Marinus van der Lubbe en mogelijk enkele medeplichtigen. Allemaal actualiteiten uit voorbije februarimaanden die je, wil je niet helemaal apathisch lijken, enig gewicht moet toedichten. En toch, dit is het niet wat februari voor mij betekent. Er is nu eenmaal geen enkele geschiedenis die een mens meer in haar grip krijgt dan die van zijn strikt persoonlijke pietluttigheid. Het eindige is het enige wat interessant is in het oneindige. Toegegeven, dus ook die verdomde Verdunse doden en die onfortuinlijke Van der Lubbe. Maar als we heel eerlijk zijn: in de eerste plaats het eigen eindige, vervolgens het nabije eindige en pas dan het eindige dat in de verste uithoeken van tijd en ruimte is verspreid, het eindige dat het zo ver geschopt heeft dat het al aardig in de buurt van het eindeloze komt te liggen.

Het geheugen is de spijsvertering van de ziel. Het beste wat je met het verleden kunt doen, is het recyclen. Ik was zeventien en het was de tijd waarin ik 'zoemen' in het Engels zonder blikken of blozen vertaalde als 'to booze', wat tot wonderlijke, heftig surrealistische zinnen leidde als: 'The bee is boozing in the air.' (De bij is zich aan het bezuipen in de lucht.) Blunderen was het enige wat ik toen met veel overtuiging deed. Ik was zeventien en het was, geloof ik, al een eind in februari van het jaar 1971. Chrysostomos,* in het rekenlustige West-Vlaanderen 'de laatste honderd dagen' genoemd, was immers al voorbij. (Valentijn was overigens nog niet uit Amerika overgewaaid.) Ik zat in de retorica van een jongensinternaat en ik was oudergewoonte een van de weinigen van de klas die niet bekend had gemaakt wat hij worden zou. De anderen beweerden leraar te zullen worden, of tandarts, of advocaat, of wereldverbeteraar of in het beste of het slechtste geval nietsnut. Ik daarentegen aarzelde. Soms verscheurde mijn aarzeling mij, maar tegelijk bezat zij een rijkdom die pas later in zijn ware omvang tot mij zou doordringen. Februari was in zekere zin solidair met mij. Van alle maanden is er namelijk geen die zo fanatiek aarzelt. *Zullen wij lente worden of toch maar liever winter blijven? Zullen wij met onze beste vorst her en der nog snel een waterleidingetje laten springen of zullen wij al een*

* Chrysostomos: op Belgische middelbare scholen gebruikelijk feest waarmee laatstejaars de aanvang vieren van de laatste honderd dagen van hun schooltijd (met name op de feestdag van de Heilige Chrysostomos)

paar bloemblaadjes uitproberen? Zullen wij ophouden met eindigen of zullen wij starten met beginnen? Een hele doos dromen werd mij voorgehouden. Ik mocht er daar één van kiezen, als een bonbon. Straks kreeg ik er misschien een tweede. Maar ik koos niet. En daardoor kon alles in die doos in principe nog van mij worden. Kiezen was verliezen.

Zo was het ook met de meisjes. Ik was nog met niemand. In mijn hoofd was ik daardoor met iedereen. Precies het verblijf in een internaat maakte het in die dagen heel bijzonder om verliefd te zijn. Je verliefdheid was opgesloten in je hoofd en dat hoofd zat ook een week lang vast. Zelfs brieven hielpen niet. Er was geen meisje of het zat op haar beurt wel ergens achter de tralies. Het was kortom wachten tot het weekend een van zijn schatkamers opende en ergens een verantwoorde klasfuif liet plaatsvinden, waarop je eindelijk toegang meende te zullen krijgen tot meisjes van wie je tot dan toe alleen maar had gedroomd. Zoetepoepe was zo'n meisje. Scheteprote was zo'n meisje. En zeker Trezebezeke. Trezebezeke uit Zwevegem of Avelgem of Wevelgem, dat ben ik intussen al eeuwen vergeten. Trezebezeke keek nauwelijks merkbaar scheel en had een heel discrete wipneus. Zij beschikte over knieën die meestal geschaafd waren, doordat zij, géén intern zijnde, elke dag naar haar school moest fietsen en doordat stuurbeheersing nu eenmaal niet erg compatibel is met meisjes die voortdurend in nevelen en wolken wonen en meer talent voor zweven dan voor fietsen hebben. Bijgevolg was Trezebezeke het enige meisje van zeventien dat aan haar knieën twaalf gebleven was. Mary Quants minirok begon aanzien te verliezen ten voordele van de maxi, maar Trezebezeke bleef de mini trouw alsof zij wou pronken met wat kapot aan haar was. De helft van alle laatstejaars van de klassieke humaniora lag aan haar voeten (de andere helft had al een meisje). Sinds zij op een van de klasfuiven geschitterd had in een minirokje dat nog korter was dan wat zij gewoonlijk droeg, maakte zij 's avonds haar opwachting in de hoofden van al die jongens die, voor zij in hun trieste kamertjes in slaap vielen, nog even met de handkar gingen bij de gedachte aan een weekend waarin hun eindelijk alles zou lukken.

Maart naderde. Carnaval kwam eraan, en de vasten. Het was nu wachten op de definitieve volwassenheid, op het startschot van het succes. Weekends, begon ik toen te begrijpen, waren hoofdzakelijk bestemd om naar uit te zien. Weekends waren het enige wat de week voor iedereen, ongeacht zijn leeftijd, de moeite waard maakte. En tijdens één zo'n weekend zou Trezebezeke van mij zijn, geen twijfel mogelijk, en ook ik zou eindelijk, eindelijk weten wat ik worden wou.

Maart

De weerspreuken zijn het erover eens: maart is niet te vertrouwen. 'Maart heeft knepen in zijn staart.' 'Nooit is maart zo zoet, of 't sneeuwt op de boer zijn hoed.' 'Of als hij komt, of als hij scheidt, heeft de oude maart zijn gift bereid.' Maart is dan ook nog speelziek, is soms zo fanatiek ludiek dat er ruzie van komt. Het is niet voor niets de maand van Mars, de god van de oorlog. Het is het haantje-de-voorste onder de maanden, begiftigd met de ware doodsverachting van de vroege lente.

In maart is de tijd ook weer rijp om het achterwaartse verlangen dat heimwee heet, in te ruilen tegen het voorwaartse dat verwachting wordt genoemd. Ik sta te popelen bij de overtuiging dat mijn heimwee binnen de kortste keren bevredigd zal worden. Ik word namelijk gekenmerkt door een enorme idiosyncrasie: sinds de eerste dag van mijn leven besta ik uit een onschatbaar heimwee, uit duizend procent heimwee van tienduizend volt. Ik sta elke ochtend op en voor ik honger krijg, heb ik al heimwee, doordat de dag van gisteren toch weer aan mij voorbij is gegaan. Ik ben een junkie van het heimwee. Ik zwelg erin. Het is mijn strikt persoonlijke, ongeneeslijke, streng verboden perversie. En dan gaat er weer een dag voorbij en dan komt er een nieuw heimwee. In mij is er elke dag een nieuw heimwee te gast. En hoezeer ik ook weet dat het vroeger niet beter was, al dat heimwee wil maar één ding, nee, twee dingen, nee, drie dingen: dat het altijd gisteren is en dat elk gisteren altijd vandaag is en dat elk vandaag nooit meer ophoudt. Heimwee wil alleen maar eeuwigheid.

Wij konden maar niet van mekaar afblijven, zij en ik. Het moet gezegd worden: ik vooral niet van haar. Nu eens trok ik haar bij een van haar oorlellen, dan weer ontplooide ik mijn misdadigste grijns en ik kneep de putjes uit haar wangen. Op een dag stond zij voile af te meten in het naaiatelier van haar textielbedrijf. Zij had een jurk aan met een motief van blauwe reigers, die aanstalten maakten om op te vliegen. (Zij had, na haar zeventigste, nog maar drie jurken die zij met een zekere regelmaat droeg. Alledrie waren zij blauw, op een fond van gebroken wit. En op alledrie vloog iets weg.) Maartse zon viel door de getinte ramen op de lange zwartgeverfde tafel, waarop zij de maatstok liet rusten. 'Zoek een vrouw,' zei ze, 'straks is het te laat, ik zal er niet eeuwig zijn, dat moet je maar niet denken, zoek je zo snel mogelijk een vrouw.' Ik ging achter haar staan. Zij was al flink gekrompen, kwam maar tot aan mijn kin meer. Binnenkort, dacht ik, komt zij nog tot aan mijn navel. En dan tot aan mijn knieën. Aan het eind zelfs niet meer tot aan mijn enkels.

'Je moet absoluut groter worden,' zei ik. Ik nam haar hoofd tussen mijn beide handpalmen vast en probeerde haar vijfenzestig kilogrammen een paar centimeter van de grond af te tillen. Toen dat niet lukte, tilde ik haar dan maar onder de oksels op. 'Bon,' zei ik, 'dat was al Berlijn. Zal ik je nu ook Moskou eens laten zien?' Zij stribbelde tegen, maar zij wist dat zij heel wat aan mij te danken had, onder meer het IJzeren Gordijn en het Rode Plein. Door mij kende zij Ljubljana, Kopenhagen, Nürnberg, Malmö en Palermo. Kuala Lumpur, Adelaide en Louisiana vond zij het mooist. Bij die plekken sputterde zij nooit tegen, al moest zij daarvoor misschien wel een hele decimeter omhooggetild worden. Zij ging er alvast zelf op de tippen van haar artritische tenen voor staan. (Een hele decimeter is bijzonder hoog voor wie de zeventig al voorbij is. Doorgaans reken je dan in millimeters.) Ook Parijs was mooi. Parijs vond ze *zoo* mooi dat je de vooroorlogse spelling in haar uitspraak kon horen. Parijs was nochtans gemakkelijk. Minder dan een halve centimeter van de grond af volstond voor de Eiffeltoren en een fractie meer bood ook uitzicht op de Moulin Rouge.

Soms speelden wij 'natuurverschijnsel'. Het krieken van de dag bijvoorbeeld. Hoe kriekt zo'n dag en hoe boots je dat na en wat is het verschil met het ochtendgloren? Dat was wat ons bezighield. Dan wreef ik haar wangen tot ze kriekrood zagen en ik keek heel goed na of ze kriekten dan wel gloorden. Soms ook deden wij vulkaanuitbarstinkje of aardbevinkje. Liefst aardbevinkje. Het was rond de tijd dat er in Ecuador net een geweest was, een echte, een grote, een die aan meer dan duizend mensen het leven had gekost, maar volgens ons was dat alleen maar ten behoeve van het televisiejournaal en dus hoegenaamd niet erg. Ik nam haar bij haar beide schouders vast en schudde haar dermate dat haar hoofd dreigde af te breken van haar hals. 'Vallen,' zei ik, 'nu moet je vallen.' Maar hoewel zij nog lenig genoeg was om mij een zeldzame keer een beentje te lichten, was zij voor iets als de nobele kunst van het vallen toch te oud. Gevallen was zij al een keer, zij het niet op mijn verzoek – met een heupprothese tot gevolg. Nu deed zij alleen maar alsof zij een beetje door haar knieën zakte. Het was geen gezicht. 'Ik stort in,' zei zij, 'ze hebben mij gebombardeerd. Opgepast! Weg! Meteen raak je nog onder mij bedolven.' Ik probeerde aan haar instorting te ontkomen, maar te laat, ook ik zakte in. Ik lag zelfs helemaal plat op de grond. Er was niets meer aan mij te doen.

Ten slotte speelden wij maartse bui en aprilse gril, waarbij ik de bui was en zij de gril. Allebei probeerden wij te regenen. Dat was aan onze gezichten te zien, dat wij regenden. En allebei klaarden wij daarna weer op. Want ook 'opklaring spelen' konden wij als geen ander. Wij voelden ons vrij en uitgelaten. Het was maart. En in maart is het altijd zaterdag. Tenminste, dat dachten wij.

Zij was mijn oma, een nog relatief jonge oma voor de kleinzoon van vier- of vijfendertig die ik toen al was. Dat jaar durfde zij het voor het laatst nog aan de steile trap naar het naaiatelier te nemen. Hoe langer hoe meer begon zij te hinken. En hoe meer zij begon te hinken, hoe meer er in haar iets weg begon te vliegen. De jaren tachtig repten zich naar hun einde. Soms huilde zij ook, mijn oma, steeds vaker, en dat was echt. Zij had te veel respect voor tranen om ze te spelen. Zij vroeg mij talloze keren of mijn moeder niet te veel geleden had vlak voor haar einde, want dat einde had zij gemist. Eén keer, terwijl zij aan het huilen was, bestond ik het iets gruwelijks te zeggen: 'Zal ik je Wenen eens laten zien?' Het uur dat op die flauwe uitspraak volgde, was het enige in haar hele leven waarin zij weigerde met mij te spreken. Overigens: hoe meer zij weende, hoe minder oma er voor mij overbleef. Hoe meer zij lachte, hoe meer er daarentegen nog van haar over was. Dan kreeg ik er zelfs oma bij. En wanneer zij het uitgierde, bijvoorbeeld doordat ik haar kietelde, was zij wel heel, heel erg mijn oma.

Zij had ook neusgaten. Eigenlijk meer gaten dan neus, vond ik. Die gaten heetten op weekdagen Spic en Span en op zon- en feestdagen Yin en Yang. De neus zelf heette Lilly. Dat was althans het koosnaampje, want officieel heette zij Gräfin Lilian Elisabeth von Oberammergau bis Assmannshausen. Dikwijls plaagde ik haar met Lilly's geringe présence. Dan zette ik mijn tanden in het naar onzichtbaarheid strevende neusje en deed alsof ik het wilde opeten. ''t Is toch de moeite niet om daar nog iets van over te laten,' zei ik.

Soms was het mij evenwel om de gaten te doen, en niet om de neus. Om daar de vrije beschikking over te krijgen moest ik haar met één arm in een wurggreep houden. Pas zo kon ik er, met mijn ene hand, opgerolde wikkels van Côte d'Or-bonbons in stoppen. Vervolgens hield ik haar keel vastgeklemd tot zij bereid was te herhalen: 'Ik ben een rinoceros.' De uitspraak moest correct zijn. Niet eerder liet ik haar weer los. Ik kende werkelijk geen genade. En intussen vloog er iets weg. En nog iets. En nog iets.

Al die tijd keek vanaf een binnenskamerse erker, bijna tegen het plafond van het naaiatelier aangebouwd, een ondefinieerbaar wezen op ons neer. Je voelde dat het keek, maar zonder dat je zijn ogen zag. God was het niet. God behoorde niet tot onze intimi. Het had vleugels, maar het was geen vogel en zeker geen engel, wel een soort 'natuurverschijnsel'. (Voor engelen was het daar te gevaarlijk, met al die voile waarin je verstrikt kon raken, om nog te zwijgen van de dreiging die er van de vele naaischaren uitging.) Het meest leek het op een octopus waarvan de zwemtentakels door vlieggerief vervangen waren. Als je iets aandachtiger toekeek, kon je vaststellen dat het wezen uitsluitend bestond uit een onontwarbaar kluwen van vleugels die elkaar de een na de ander probeerden te omhelzen. Mijn grootmoeder en ik, wij waren ons van die vreemde aanwezigheid bewust, maar wij spraken er nooit over. Het was onze intiemste kompaan. Het was ons zotte verbond. Het was de grote omarming. Het was puur heimwee.

Maart, de humeurige, maart, de moordlustige, trad naderbij en kwam zich met ons spel bemoeien. Wij hadden al van alles gespeeld, mijn oma en ik. Alleen 'dood zijn' niet. Dat was veel te stil, zeker voor iemand als zij, een gepatenteerde wiebelkont. Niemand zou haar geloofd hebben. In 1998 lag zij er dan toch, in kamer 155 van het Onze-Lieve-Vrouw-Hospitaal in Kortrijk. Het was 's avonds, kwart voor acht. Zij ademde zwaar door haar mond. Ook haar neusgaten stonden wijdopen, alsof er daarlangs nog iemand naar buiten moest. Ik zag het en ik dacht: 'rinoceros', laat haar nog één keer 'rinoceros' zeggen. Maar haar ogen braken al. Vallen, dacht ik, nu hoeft zij niet meer te vallen. Ik nam haar dode hoofd in mijn handen en kuste het op het topje van de neus.

Het was 5 maart 1998, iets voor twaalf, toen zij begraven werd. Zij kwam nu zelfs niet meer tot aan mijn enkels. Parijs zou ik haar nooit meer laten zien.

April

Op 20 april 1978 zei ik 'Tot ziens' tegen hem en ik zag hem nooit meer terug. 'Tot ziens' waren de enige woorden die ik ooit tot hem had gericht. Erg uitnodigend voor een gesprek was hij dan ook niet. Hij was min of meer een lookalike van Chief Bromden, de gekke indiaan in de verfilming van *One Flew Over the Cuckoo's Nest*: ongeveer even groot, alleen iets tengerder. Dwars over zijn rechterwang liep een opvallend litteken, wellicht het gevolg van een messnee. Voor de rest: dezelfde zwijgzaamheid, dezelfde prairieblik, dezelfde gekte. Ik wist niet hoe hij heette, maar noemde hem vanaf het eerste uur Zwijgende Hoekmens.

De hele tijd zat hij in boeddhahouding op de grond, met zijn rug naar ons toe. Dat hij het doorzettingsvermogen had om zo weinig te bewegen, wekte mijn afgunst. Waarom, vroeg ik mij af, moest je je tijdens je leven per se in iets bekwamen wat je daarna toch niet meer beheersen zou? Wij, de jongens die voor verdere militaire keuring naar hier waren doorverwezen, zagen Zwijgende Hoekmens enkel af en toe iets tekenen op een enorm vel papier. Niemand van ons waagde het in zijn buurt te komen om het onderwerp van zijn creativiteit te begluren. Daarvoor dwong hij te zeer ons respect af. Wij erkenden in hem onze meerdere, onze meester in de waanzin.

Daarnaast was hij de kampioen van de stilte. Zelfs de meest communicatieven in ons gezelschap, die zich feitelijk beter hadden kunnen concentreren op het staven van de eigen gekte, zagen er ten slotte van af hem aan te spreken. Hij antwoordde toch niet. Bovendien beschikten zij zelf over te weinig abnormaliteiten om niet bang te zijn voor die van een ander. En niemand van ons had voldoende acteertalent om te kunnen wedijveren met de ware waanzin van Zwijgende Hoekmens.

De eerste avond al, vlak voor de lichten in de zaal uitgingen, hield hij een stille optocht met boven zijn hoofd het grote blad tekenpapier waarop de naam van zijn meisje te lezen stond. Tenminste, wij namen aan dat het om zíjn meisje ging. Zij heette Viviane of Josiane, geloof ik, al kan het ook Julienne of Lucienne geweest zijn. Een banale naam in elk geval. Maar angeliek was wat daaronder stond: haar gezicht, zoals hij het eerder die dag afgebeeld had. Nooit had ik sensuelere lippen gezien. Het was mogelijk dat wie die had gekust, niet in het minst zin had om zich nog met iets inferieurs als spreken bezig te houden.

De volgende dag zat hij opnieuw te tekenen. Tijdens de drie dagen van ons gedwongen verblijf in het Militair Hospitaal was dat zijn enige activiteit. Tegen slapenstijd braken dan weer de momenten aan waarop hij er voor het eerst niet uitzag alsof de strop hem liever was dan de strik. Dan las ik zelfs een vage glimlach op zijn gezicht. En telkens als hij bij het voeteneind van mijn bed kwam, hield hij even halt. Ik had er geen flauw vermoeden van waaraan ik die bizarre sympathie te danken had. Het leek wel of hij op het punt stond te spreken.

Tussen de onderzoeken door trok Zwijgende Hoekmens zich in onze psychiatrische afdeling voortdurend in de ene of de andere hoek van de zaal terug, zelfs als hij er niets uitrichtte. Daar zat hij dan, als bevroren, soms met de armen gekruist voor het hoofd, alsof hij elk moment een opdonder kon krijgen.

Van de twintig potentiële rekruten die aan verder onderzoek onderworpen werden, was hij degene die volgens mij de grootste kans had te worden afgewezen voor de militaire dienst. Allemaal waren wij elkaars concurrenten; wij waren ervan overtuigd dat het aantal afgekeurden niet in de eerste plaats afhankelijk was van onze mentale toestand, maar van het aantal miliciens waaraan tijdens het komende militiejaar behoefte zou zijn. Ik taxeerde mijn lotgenoten heel wantrouwig op hun overtuigingskracht en ik twijfelde erg aan mijn eigen kansen. Ik vond mezelf maar matig getikt. Van Zwijgende Hoekmens was ik daarentegen zeker. Die was het compleet, die was onovertrefbaar kierewiet, veel kierewieter dan Chief Bromden. De lippen van zijn Josiane of zijn Julienne hadden hem met verstomming geslagen. Meer nog: zijn Josiane of zijn Julienne had er met haar magnetiserende lijf voor gezorgd dat hij onherstelbaar gek geworden was.

April is the cruellest month, breeding
Lilacs out of the dead land, mixing
Memory and desire [...].

De verzen van Eliot klonken mij plausibel in de oren. Intussen deed april daarbuiten zijn reputatie alle eer aan. April, de grillige, met zijn altijd weer gehaaste voorjaarsbloeiers. En april, de geile, de verspiller, die geen verstand van diplomatie heeft en die – net als die hele lente trouwens – de mening lijkt toegedaan dat ware progressiviteit seksueel en niet politiek van aard is. April is nu eenmaal zo'n maand waarin mannen manhaftig hun lul en hun neus achternahollen en vrouwen onvervaard hun borsten vooruitsteken, ook als het buiten stront regent. Maar van wat zich buiten afspeelde, ervoer ik niet erg veel. Ik zat in alle betekenissen van het woord 'binnen'. Zoals gekken binnenzitten in het gekkenhuis, zat ik binnen in mijn kop. En daarin was het nog altijd winter. Meer 'memory' dan 'desire'. In achtenveertig uur tijd begon ik aan achtervolgingswanen te lijden. Overal lagen spionnen op de loer. Zij moesten mij ontmaskeren.

Mijn lief kwam op bezoek en aan haar zijde wandelde ik schichtig door de hospitaaltuin. Na afgifte van haar identiteitskaart had zij voor mij, naast de onbeperkt toegestane voorraden Bounty en Mars, enkele heupflesjes naar binnen weten te smokkelen. Jenever, dat was mijn antidotum tegen het denken, het denken dat maar blijft woeden en woelen als het onvoldoende wordt verdoofd. Ik vertelde haar over Zwijgende Hoekmens. Hoewel ik dat niet echt meende, zei ik haar dat ik worden wou als hij: even briljant in de waanzin. Zij was bang dat zij mij kwijt was. Het was in de nadagen van de tijd waarin het niet goed aangeschreven stond gezond van geest te zijn. En ja, het was niet voor niets april: april kent de rechte lijn nog niet goed en bevordert de afwijking. Afwijken was wat wij wilden en moesten en zouden, allemaal.

Ik had – met het oog op afkeuring – in groepsfobie en fascinatie voor de dood geïnvesteerd. Mijn huisarts had ik zover gekregen dat hij een rapport over mij geschreven had, waarin hij gewag maakte van de doodshoofden op mijn nachtkastjes en de rare doodsrituelen waarin ik mij voor het slapengaan verlustigde. Ik had mij voorgenomen niet aan overacting te doen en de Belgische krijgsmacht er met soberheid van te overtuigen dat ik volstrekt eerlijk was. Veel van mijn eveneens gezonde lotgenoten hielden er mijns inziens een te opzichtige strategie op na. Alleen Zwijgende Hoekmens was geloofwaardig. Maar die hoefde dan ook niets te faken.

Bij de neuroloog had ik goed gescoord. 'Zwaar gestoord,' oordeelde hij. Dat mocht ik althans van de psychiater vernemen, gelukkig een militair van lagere rangorde die er zich voor hoedde zijn overste tegen te spreken. Ik had tijdens een aantal tekentesten mijn vader en mijn moeder zonder neuzen, monden, ogen en oren afgebeeld. Zilverberken daarentegen, frietketels, eierdopjes en ruimtecapsules had ik wel royaal van een gezicht voorzien, van uitdrukkingen zelfs, gaande van dolzinnige vrolijkheid over melancholieke dromerigheid tot gruwelijke weemoed.

'Hoe zit dat, Luc,' vroeg de psychiater, 'voelen wij iets voor het leger of voelen wij daar geen fluit voor?' Hij was de eerste arts die mij sluw bij mijn voornaam aansprak en mij tutoyeerde. 'Ik voel er geen fluit voor, dokter.' Wij hadden zopas tot ons beider voldoening een gesprek over de invloed van Arthur Schopenhauer op Friedrich Nietzsche gevoerd en daaruit had hij geconcludeerd dat ik een bijzonder evenwichtig mens was. Ik voelde mij betrapt. Vanaf nu zou ik alle mensen haten die tijdens een eerste ontmoeting al begonnen te jijen en te jouen.

De dag daarop maakten wij met zijn twintigen nerveus onze opwachting in de kale legerloods, van waaruit wij de een na de ander in het bureau van de grote tribuun ontboden werden. Zeven jongens waren al afgehandeld: allen veroordeeld, want allen goed bevonden. Ik was nummer acht.

April begint met een grap en eindigt met het ei van mei. Ik had geen vertrouwen in het vonnis. Mijn denken had ik veiligheidshalve afgezet en wat ik hoorde, drong amper tot mij door. Maar ik was, tenzij de herkeuringsraad daar later anders over oordelen zou, wel degelijk afgekeurd. Ik was niet eens blij, vond het bijna een terechte beslissing. Afgemat, mal, maf voelde ik mij. En volkomen apathisch vervoegde ik mij bij het gezelschap van de jongens, die haast allemaal tot de militaire dienst veroordeeld waren. Jongen veertien, een volgens mij bezadigde en stabiele brillenintellectueel, was een uitzondering. Ook die was afgekeurd. Maar de vijf volgenden dan weer niet.

Toen was er nog één jongen. Ik dacht dat ze hem voor het laatst gehouden hadden omdat hij nu eenmaal de kers op de taart was, het nec plus ultra van de keuringsgevallen. Maar allicht was hij de laatste in het alfabet. Wij zaten met zijn allen op zijn terugkomst, op ons ontslag uit dit enge gebouw en op de uitbetaling van de soldij te wachten. En toen gebeurde het: de deur van het bureau ging open, Zwijgende Hoekmens kwam naar buiten, sprong een gat in de lucht, maakte een paar gewaagde buitelingen en kwam vlak voor ons met enkele door merg en been gaande kreten tot stilstand. 'Afgekeurd,' zei hij. En dat iedereen erin getuind was. Meteen daarop begon hij te tetteren als een viswijf. Iemand vroeg: 'En je vriendin?' Een vaste vriendin, nee, die had hij niet, nog niet. Dat was meer iets voor hoogbejaarden. Nu legde hij het vooral met zoveel mogelijk meisjes aan. Het ging hem tenslotte om de seks. Het was 20 april 1978. 'Tot ziens,' zei ik tegen Zwijgende Hoekmens. 'Tot ziens,' zei hij. Ik stak een hand uit. Maar die negeerde hij. Op dat moment bestond hij gewoon te veel. Hij was al in drukke gesprekken met vier, vijf anderen gewikkeld. Hij stond, merkte ik, precies in het midden van die grote, akelige loods. En ik zag hoe leeg alle hoeken waren.

Mei

''t Is een triest gezicht, mensen die naar bed gaan, je ziet dan pas goed dat 't ze geen zak kan schelen dat de dingen zijn zoals ze zijn, je ziet dan dat die mensen niet eens probéren te begrijpen waarom we op de wereld zijn.' Het citaat komt uit *Reis naar het einde van de nacht* van Louis-Ferdinand Céline. Wij zijn inderdaad niet gemaakt voor de naastenliefde. Medeleven is een vorm van cultuur en ligt helemaal niet in onze genen. Het is ons aangekweekt zoals het ons is aangekweekt niet in onze neus te peuteren of in ons kruis te tasten in het gezelschap van wildvreemden. Enkel en alleen om te overleven dient medeleven. Vanaf de wieg zijn wij namelijk uitsluitend geïnteresseerd in de tepel. Die is van ons en van niemand anders. Wij worden er diep treurig van als wij het naderhand, zoals de meesten, met een fopspeen moeten stellen.

Het beste is daar zoveel mogelijk niet aan te denken. Er zijn zo van die maanden die daar geschikter voor zijn dan andere. Mei is zo'n maand. Mei zet meer aan tot mijmeren dan tot peinzen. Mei is de mooiste, het is de onbetwiste Miss Universe onder de maanden. Het is een maand waaraan niets toegevoegd dient te worden.

Ik geloof niet in tijdrekeningen, maar wel in tijd. Ik kijk voortdurend op mijn horloge, weet bij wijze van spreken perfect dat het kwart over zeven is of dat het mei is, maar niet welk jaar. Want de uren en de maanden keren terug en de jaren gaan alleen maar voorbij. Ik ben een man van de herhaling, maar kan niet omgaan met de chronologie, ik ben een man van de cirkel, maar kan niet omgaan met de rechtlijnigheid, ik ben van de terugkerende seizoenen en niet van de voorgoed verdwijnende jaren. En het sterkt mij te geloven dat alles terugkomt, ook al weet ik natuurlijk dat alles voorbijgaat. Als ik me niet opknoop, dan is dat uitsluitend omdat ik vind dat het belangrijker is te geloven dan te weten. Naïviteit loont soms. In mijn gelukzaligste momenten (die doorgaans in mei vallen) voel ik mij verwanter aan een tulp dan aan een mens. Terwijl ik, in tegenstelling tot Céline, altijd meer van een mens zal houden. Ik ben het meest gesteld op wat maar één keer bloeit en vervolgens onherroepelijk begint te eindigen. Daar zijn mensen doorgaans sterker in dan tulpen. Wat elk jaar opnieuw tot leven komt, heeft niet zoveel medeleven, laat staan liefde nodig. De carrière van een tulp bestaat uit een overvloed aan herkansingsmogelijkheden; een mens kan het zich niet permitteren zo veelvuldig te mislukken.

Nee, echt, in mei streef ik voornamelijk hersenloosheid na. (Lezen en schrijven doe ik dan bijvoorbeeld nauwelijks.) Zelfs de meest verregende, zelfs de meest latente lente heeft hoe dan ook al de roep het stralende domme blondje onder de seizoenen te zijn. Ik fluit haar na als was ik de eerste de beste bouwvakker. En van wat er in de lucht hangt, loop ik vol taterzucht. Ik kijk mij de ogen uit de kop. Overigens denk ik dat een mens almaar meer belangstelling heeft voor de opeenvolging der jaargetijden naarmate er voor hem minder jaren in voorraad zijn. Ook de minuten zijn nu eenmaal belangrijker als de uren worden bedreigd. Vroeger stonden de meeste bloemen er bijna uitgebloeid bij, voor ik mij realiseerde dat zij al ontloken waren. Nu de jaren mij nog trager beginnen te maken dan ik al was, neem ik sneller akte van de apenkuren van de natuur.

Wanneer ik in een weinig leesbevorderende maand als mei toch lees, dan hoort niet zelden Prediker uit *De boeken der wijsheid* tot mijn lectuur. Het is mijn antidotum voor te veel juveniel gedartel. Als er een is die kan schrijven, dan wel de auteur van Prediker. Hij legt zijn woorden in de mond van Salomon, dat fils-à-papaatje van David, die zelf heel goed psalmen dichten kon. In mijn bovenvermelde taterdrift heb ik zin erop los te citeren:

Daarom prees ik de doden gelukkig, reeds lang ontslapen,
Boven hen die nog in leven zijn;
En gelukkiger nog dan hen beiden
Zij, die nog niet hebben bestaan:
Want zij zagen nog niet het boze gedoe,
Dat er plaats heeft onder de zon.

Wat mij aan de auteur van Prediker vooral bevalt, is dat hij lak heeft aan allerlei nebulistische heilsboodschappen. Hij is een soort Samuel Beckett of, misschien meer nog, een soort Céline. Zijn boek is zo niet de riolering, dan toch de airconditioner van het Oude Testament. Hij constateert dat er, godzijdank, niets te hopen valt. Hoeven wij daar tenminste geen tijd aan te verspillen. En de vaststelling dat er nergens een oplossing voor is, klinkt bijna als een verlossing. Driekwart leven op zoek geweest naar de zin van het tandenpoetsen en het schone ondergoed, de liefde en de goniometrie, de streptokokken en het melkwegstelsel? Fijn dat dit nu niet meer hoeft! Het ware enkel beter geweest nooit gezocht te hebben, *mais à part ça tout va très bien.* We wachten op iets wat niet komen zal. Al is het eigenlijk ook wel beter dat niet te weten.

Dat is nu namelijk het jammere aan Prediker: hij weet. En wat nog erger is: hij is hoegenaamd niet lief. Prediker ranselt, Prediker zegt dat hij weet. Hij is de meest lucide bemoeial uit het Oude Testament. Het is echt nergens goed voor te weten dat wij ongelukkig zijn. Dat erkent híj zelfs. Want de wijze is hoegenaamd niet beter af dan de dwaas. Ik voeg daaraan toe: niet te beseffen dat wij ongelukkig zijn volstaat om het ook niet te zijn. Van de weeromstuit moet iemand overal gaan vertellen dat wij uit onze voegen barsten van geluk: in de media, bij de kruidenier, in het kapsalon of in het parlement. Iemand moet het van de daken schreeuwen. En als wij dan ook maar een beetje goedgelovig zijn, zullen wij er rotsvast van overtuigd zijn dat het niemand, werkelijk niemand op aarde ooit zo voor de wind is gegaan als onszelf.

Maar dat mei, zoals gemeenlijk aangenomen wordt, de mooiste is, daar kan zelfs Prediker niet tegenin. Mei met zijn eerste lettergreep van 'meisje'. Mei, de moedermaagdelijke, maar ook de voluptueuze. De maand waarin de hele wereld onsterfelijk lijkt te allitereren en te assoneren en vervuld is van een zot buitenbaarmoederlijk gezoem. Mei overtuigt mij met zijn aardsheid en zijn aaibaarheid van het feit dat er aan geluk niets mystieks kleeft en dat het bovendien allemaal veel minder een kwestie van psychologie is dan van de juiste biochemie en van een half dozijn externe omstandigheidjes die willen bijdragen tot het grote, gelukzalige vergeten. Vaak verblijf ik tijdens betreffende maand in een of meer van die almaar zeldzamere Kretenzische dorpjes die nog niet door benidormisering gecontamineerd zijn, bijvoorbeeld in Kapetanianá, in Tris Ekklisies, in Thrónos of in Miliá. Dan zit ik mij daar volop te verbazen over de geringe hoeveelheid tijd die er nodig is om compleet te verdierlijken en opnieuw volslagen dom te worden, terwijl het toch vele jaren en onnoemelijk veel moeite heeft gevergd om een schijn van kennis te verwerven. Ik vergeet alles in mei. Ik vergeet mijn auteurs, mijn intimi van nog niet zo lang geleden en mijn tafels van vermenigvuldiging. Ik vergeet mijn politici, mijn filmsterren en mijn familieleden. Ik vergeet de meest voor de hand liggende namen. Ik ben weg uit het vaderland en weg uit mezelf. Of misschien zit ik wel in het lege centrum van mezelf, de enige plek in mezelf waar ik helemaal thuis ben.

Ik ben meer in eclatante lentes dan in baldadige nazomers of exhibitionistische herfsten geïnteresseerd. Ik begrijp niet goed dat er mensen zijn bij wie het voorjaar in een slechte reuk staat. De herfst is heel geschikt voor het dichterlijke gebroed en – bij uitbreiding – voor de een beetje dommige en alleszins veel te melancholieke koppen in hun gevolg. Dat hele seizoen is in feite lelijk, maar oogt – God weet waarom – fotogeniek. Het geilt aldoor op ansichtkaarten met een overdaad aan artistiekerig sepia, flets bordeaux of dat rare biggenbillenroze. Kortom de geliefde schutkleuren van sommige terminale bladeren. En toch ken ik een meesterlijk gedicht van de Portugees Nuno Júdice, dat op het eerste gezicht tegen mijn afwijzing van de herfst lijkt in te druisen. De eerste regel daarvan gaat als volgt: 'De lente is de tijd van hen die zelfmoord plegen.' Bovendien las ik op 30 maart van dit jaar in de krant een artikel dat mijn blinde verliefdheid op de lente aantast. Daarin stond niet alleen dat Belgen vaker zelfmoord plegen dan Britten, Scandinaviërs en Zuid-Europeanen, maar ook dat wie er een eind aan maakt, dat bij voorkeur in de herfst en de lente doet. Dus niet, zoals ik de neiging had te denken, *uitsluitend* in de herfst. Vlaamse mannen – zo stond er – verkiezen voor hun wanhoopsdaad de lente, vrouwen de herfst.

Maar ik? Ik vind mei geen maand om te sterven, al trekt men zich daar in mijn omgeving doorgaans geen moer van aan. Mei stimuleert mijn wanhoop geenszins, maar des te meer mijn naïviteit. Ik mag dan al een haast professionele piekeraar zijn, eenendertig dagen lang blijkt mijn kijk op de medemens nog veel te rooskleurig. Ik geloof hem meestal op zijn woord en hij is maar zelden van zijn woord. Hoeveel teleurstellingen dit ook oplevert, en hoeveel uren en dagen van machteloos wachten, toch houdt een wonderlijk bijgeloof mij overeind. Het zit immers zo: zelfs al geeft mei je niet wat hij belooft, je blijft geloven dat er echt nog wel iets van komt. Je weigert te aanvaarden dat elke nieuwe lente het water van de Lethe wassen doet en dat er op de lange duur niets is dat niet vergeten wordt of niet verloren gaat.

’t Is maar dat ik daar op juniochtenden, even voor vijven, wanneer onder mijn raam weer eens de seriële verkrachting van de ritsigste kat van Runkst plaatsvindt, ’t is maar dat ik daar dan altijd aan denken moet. Hoe ik de mij resterende tijd – naar het advies van mijn oude leraren – ‘nuttig’ kan besteden. Juni is zo’n uitgeslapene die van mening is: ik wakker, iedereen wakker. Juni is de maand van de vroegste vroegten. Hij wil gloriëren met zijn ochtendlicht; vanaf de eenentwintigste dag moet hij daar namelijk weer iets van inboeten. ‘Kijk eens,’ zegt juni, ‘hoe jong ik nog ben.’ Maar intussen kondigt hij ook al de midlifecrisis, de eerste bypass en het bejaardentehuis aan.

Van alle junimaanden is die van 1976 mij het liefst gebleven. Ook toen sliepen wij niet veel. Er zijn periodes in een leven die meer dan andere een scharnierfunctie hebben. Die van de eerste jaren na de adolescentie bijvoorbeeld. Je doet een deur open en je komt in een stralend licht te staan. Je gaat argeloos naar binnen. Maar achter je valt de deur meteen dicht en je weet dat je gevangenzit. Op de koop toe doet iemand ook nog het licht uit. Een cipier misschien. Zodra je de kaap van de twintig genomen hebt, wordt het merendeel van je medemensen namelijk je cipier, ook al denk je daar voor je twintigste helemaal anders over.

Juni 1976 was een aaneenschakeling van fonkelende, glorierijke momenten, waarvan het leek dat zij een eeuwigheid zouden duren. Elk moment was essentieel sensueel. Er was werkelijk te veel licht om te slapen. Het kwam uit het bier dat wij dronken. Het kroop uit de ogen en de haren en de lippen van de meisjes. Het straalde dwars door hun jurken en hun shirts heen. Het daalde wervelend neer uit een lucht die niet één wolk tolereerde, maar het steeg ook op uit de grond. Het was de mooiste zomer van de twintigste eeuw en wat mij betreft de mooiste zomer ooit. Wij waren jong. Wij hadden een geweldig talent om jong te zijn. In 1980 zou dat al heel wat moeilijker worden, zelfs als je dan amper vijftien was. Toen was de hele wereld zwaar vermoeid en permanent hoogbejaard, bijna alsof hij vanaf zijn ontstaan te veel ouderdom meegekregen had. Daar had die onstuitbare jojo van de geschiedenis voor gezorgd. In de jaren tachtig duwden stokoude moeders knarsende kinderwagens voort waarin uitsluitend baby's lagen, wier gezicht reeds half verslenst was. Er was nergens nog toekomst. Niet te geloven dat 1976 daar maar vier jaar van verwijderd was. In de progressievere buitenlanden was *the dawning of the age of Aquarius* dan namelijk al vele jaren voorbij.

Ik had een simpele Dual-platenspeler en op vroege zaterdagochtenden terwijl ik mij opmaakte om het weekend bij mijn ouders te gaan doorbrengen, zwolg ik in de songs van Leonard Cohen: 'Sisters of Mercy', 'The Partisan', 'Seems So Long Ago'. Ik wist niet heel precies waarover het ging, en waarschijnlijk ging het ook nergens heel precies over. Het was doodgewoon een sfeer, een sfumato, een fluïdum, een vaagheid. Dat was meer dan voldoende. De jeugd is de tijd waarin je jezelf toestaat vaag te zijn. Het was bijna niets, maar o, wat bedwelmde het mij. Het was vooral, herinner ik mij, iets wat eindeloos ophield, wat niet ophield met ophouden, het was het Perpetuum Mobile van het Grote Ophouden. Wij leefden nog in hoofdletters en voor het laatst namen wij de juiste dingen ernstig.

Toch probeerde ik die maand in het oververhitte Leuven ook af te studeren. De meesten liepen er met uitgestreken gezichten bij, overrompeld door de zon. Ik vond dat heerlijk. Ik kickte erop achter dichte overgordijnen die turven vol Wittgenstein en de Wiener Kreis, vol J. D. Salinger en T. S. Eliot, vol Elsschot en Boon te beheersen, terwijl daarbuiten iedereen zienderogen aan het verdampen was. Ik besefte hoegenaamd niet dat intussen ook iets veel fundamentelers verdampte, mijn eigen jonge jaren. Wel begon ik mij te realiseren dat het hele leven één gigantische markt was. Daarop was van alles te koop. Veel geld had je niet. Je kon één, misschien twee, en heel misschien drie dingen kopen. Je ging eraan voorbij dat het nu of toch heel binnenkort was dat je moest beslissen. En bij het eerste wat je kocht, liet je je zomaar iets aansmeren, iets wat je geschonken werd als een extraatje bij je diploma. Het was de zerk op het graf van je jeugd.

Het bleef maar juni 1976; de hitte vertraagde de dagen. Wij sliepen in het park bij een kerkhof en in de buurt van het Philips-gebouw met al die verlichte ramen als grote, vierkante ogen. Licht alweer, niets dan licht. We waren nog niet aan de bètablokkers en aan de cholesterolverlagers en aan de tranquillizers. Wij waren nog helemaal nergens aan en wij voelden ons zowaar gewichtig, hoewel nog helemaal vrij van embonpoint, ondanks alle hotdogs, alle friet en alle goedkope wijn die wij tot diep in de nacht plachten te zuipen. En ons op navelhoogte dichtgebonden hemd verried dat wij barstensvol dromen staken, waarvan wij – op het zwakzinnige af – dachten dat zij allemaal uit zouden komen. Kortom, de jaren hadden ons nog niet beroofd van de dagen. Helaas had ik mijn deur al geopend. Ik stond daar eerst nog wat schaapachtig en bedremmeld te wiebelen in het stralende licht. Maar nog voor ik mij kon verbazen, viel de deur achter mij dicht.

Het is dit jaar precies een kwarteeuw geleden. Er wordt van alles herdacht en dus: waarom ook dit niet? Verschrikkelijk veel doet het er niet toe, het is waar. De dwingelandij van de tijd spreekt uit rimpels, cellulitis en leesbrillen, niet uit kalenderblaadjes. Maar ik schrijf het aan de intensiteit van 1976 en van mijn toenmalige leeftijd toe dat ik een zwak behouden heb voor mensen die thans ook om en nabij de twintig zijn, mensen die soms niet kunnen kiezen, maar dat uitgerekend dán vaak moeten of menen dat zij het moeten. En het is niet zelden juni. Als een soort blafzone tussen droom en daad, tussen alles wat je nog even zijn mag en het weinige wat je uiteindelijk worden zult, kondigen zich die pitbulls van juli en augustus aan, die al een beetje hun tanden zetten in de lengte van de dagen.

Ik las Nescio's *Dichtertje* en ik wilde godbetert dichter worden. Maar uitstel kreeg ik niet. Zoals zovelen van mijn vrienden die gezworen hadden dat zij dat nooit ofte nimmer zouden doen, vervoegde ik mij dus maar bij het lerarendom. Voor ik mij goed en wel realiseerde dat ik mijn dure eed ontrouw geworden was, stond ik al voor een klas jongens die het rukken nog maar een jaar of vijf ontdekt hadden en meisjes die nog maar net zo lang geleden voor het eerst gemenstrueerd hadden. Ik moest hen ervan zien te overtuigen dat Suster Bertken vijf eeuwen voor hen niet voor niets 'om cruyt' in haar 'hoofkijn' was gegaan en dat, als je verliefd bent, het water in welke eeuw ook vaak te diep is. Eén ding bracht ik hun nooit bij: dat niemand straffeloos ouder dan twintig wordt.

Het is – in zekere zin – weer juni 1976 nu, maar het is ook juni 2001. Er zijn van die momenten dat je alleen bent wat je bent geweest. Ik weet nog perfect dat ik mij een kwarteeuw geleden een voorstelling probeerde te maken van hoe het mij in het jaar van de millenniumwisseling zou vergaan. Vreselijk oud zou ik dan zijn, dat wel, nauwelijks nog levensvatbaar, maar die bevinding verschilde niet wezenlijk van ervaringen tijdens mijn fröbeljaren. In het eerste kleuterklasje vond ik die van het derde namelijk ook al redelijk terminaal, wat bij nader beschouwing nog niet eens zó fout was. Wat is er van mij overgebleven?

Juni 2001. Een kwarteeuw na dat gedenkwaardige 1976 spoed ik mij naar het internationale poëziefestival van Genua. Op stel en sprong vind ik de stad prachtig, ondanks die enorme industriële kuisheidsgordel rond de overigens eveneens ruime middeleeuwse kern. Genua is – rekening houdend met mijn vooroordelen – een niet bepaald zuiderse stad. Ik heb de indruk dat de mens hier, in zoverre dat in zijn vermogen ligt, nog redelijk betrouwbaar is. (Betrouwbaarheid associeert mijn racistische geest met het noorden, maar mijn dolzinnige hart lieert liefde aan het onbetrouwbare zuiden.) 's Avonds, in de openlucht, op de binnenplaats van het Palazzo Ducale, lees ik mijn poëzie voor. Uit de mond van Viviane Ciampi, mijn vertaalster, weergalmt de versie die ook voor de autochtonen toegankelijk moet zijn: 'Morire – il più veloce dei tuoi gesti.' (Sterven was het snelste wat je deed.)

De hele week is hier behoorlijk wat publiek aanwezig geweest: van honderdvijftig bij Charles Simic tot vierhonderd bij Michel Houellebecq. Ik lees voor in het gezelschap van een Fransman (Jacques Darras), een Portugees (Fernando Pinto do Amaral) en een Italiaan (Roberto Mussapi). Een paar mature signora's die mijn blind date met de dood kennelijk wel zien zitten, roepen na afloop van mijn lezing: 'Bravissimo!' Ook hier botert het tussen dames op leeftijd en mezelf. Wij treffen elkander op onze weg naar het graf en wij vuren elkander aan: 'Coraggio, molto coraggio col morire.' (Moed, veel moed bij het sterven.)

De weg naar het graf. De ochtend na mijn optreden bezoeken Totje en ik Staglieno, zowat de kolderiekste begraafplaats die wij ooit gezien hebben, met een overvloed aan hooghartige doden die kathedralen van graven nodig hebben om te vergeten hoe dood zij zijn. De hele tijd loop ik aan mijn Leuvense kerkhof van een kwarteeuw geleden te denken, vlakbij dat park waarin wij gingen slapen. 'Eri il marito e papa' piu buono del mondo,' lees ik op een – op het eerste gezicht – bescheidener zerk van een zekere Aldo Monni, die sinds 1985 op deze plek is komen te liggen. 'Piu buono del mondo': zelfs in de dood, voorbij droom en daad, zul je per se de beste zijn, precies alsof je bestaan pas dan gewettigd is. Maar hoe vaak en hoe hard je ook 'ik' zegt, het zijn de anderen die blijven. Er zijn aan het eind alleen nog anderen. Zij triomferen. Ook zijn ze jong, met geweldig veel talent om dat te zijn. Ze staan wijdbeens, met de handen in de zakken. Ze lachen je vierkant uit.

Juli

Runkst gloeit nog na. Het gonst in de bomen van het geroddel van vogels die zich opmaken om te gaan slapen. In de koelemmer wacht ons een fles Pouilly-Fuissé. Wij zitten onder de beuk in mijn tuin te palaveren en te parlevinken, Tsjoefke, Wiskie, Lanzarote, Dolores en ik. Het is begin juli, de ronde van Frankrijk moet nog van start, op Wimbledon moet Venus Williams het nog halen van Justine Henin, Herman Brood moet nog dood en binnenkort vertrekken wij allemaal ijlings naar ons eigen buitenland: Tsjoefke en Wiskie naar Wales, Lanzarote, zoals elk jaar, in d'r eentje naar Lanzarote, en Dolores naar Sicilië, *naturalmente* in het gezelschap van haar Peperoni, die net nu, niets te vroeg, binnengewaaid komt en wel met de mededeling dat de ziel toch bestaat. Dat het in de krant gestaan heeft, beweert ze, en dat wij daar niet om hoeven te lachen want dat het heel zeker is en dat het de Engelsen zijn die haar ontdekt hebben, de ziel. Zij tuit haar lippen alsof zij op het punt staat iemand te zoenen, maar alleen niet goed weet wie – waarschijnlijk iemand in het bezit van een ziel.

Peperoni heet eigenlijk Anna, maar wij noemen haar Peperoni. Niet alleen omdat zij een echte Italiaanse en dus een valse blonde is, maar ook omdat zij er altijd zo gepeperd uitziet in haar hoogtevrees verwekkende decolletés en in haar minuscule leren rokjes van – weet ik veel – Versace, Ungaro of Valentino. Zo heten wij allemaal anders dan wij heten. En zo zijn wij eigenlijk ook allemaal anders dan wij zijn, in het bijzonder op een zomerse avond als deze, wanneer wij helemaal vollopen met het verlangen om weg te gaan, uit ons land, uit onze stad en uit onszelf. Daar zouden wij desnoods onze ziel voor verkopen, als we die tenminste hadden. Nog wat die ziel betreft: Dolores, die eigenlijk Frieda heet, maar die wij Dolores noemen omdat zij zo *douloureus* kan kijken, Dolores, dus, riposteert tegen haar vriendin. 'Best mogelijk,' zegt zij, 'dat zij bestaat, de ziel, maar ik héb er geen en ik wíl er geen, nu niet en nooit, zelfs niet als ik haar gratis kreeg.'

Tsjoefke en Wiskie zijn hier de enigen die getrouwd zijn, al vijftien jaar, al sinds hun twintigste. Maar zij zijn kinderloos gebleven. Zij hebben wél een ziel, beweren zij, maar niet permanent, bijna zoals je een werkster hebt, één of twee keer in de week. Eigenlijk zijn zij veel gelukkiger zodra de ziel weer weg is. Hun libidineuze lijven verdragen geen pottenkijkers, zeker geen zielen. Het is de eerste keer dat Tsjoefke en Wiskie iets zeggen vanavond. Zij kunnen adembenemend lang zwijgen. Zij oefenen zich daar al jaren in, denk ik, 's avonds voor de buis. Overigens vormen zij een wat curieus stel: zij, Wiskie, is ruim een hoofd groter dan haar vent. Van hun beiden is zij uiteindelijk de beste zwijger. Misschien is het makkelijker je mond te houden als je dat vanuit de hoogte kunt.

Een boemelaar van een merel vliegt over met een kers in de snavel. In de emmer staat al een nieuwe fles Pouilly-Fuissé op ons te wachten en ik begin de maanden op te sommen zoals die na de Franse Revolutie een tijdlang geheten hebben: germinal, florial, prairial, messidor. Ik stop. Messidor: zover zijn wij al. Maand van de hitte. Rondom ons staan viooltjes, petunia's en hortensia's in volle bloei. Nu er morgen geen examen meer dreigt, spelen twee meisjes, ook in bloei – vijftien, zestien misschien – badminton op straat. Het is een tijd om geslaagd te zijn en in bloei te staan.

Intussen ben ik in een drukke discussie met Dolores en Peperoni gewikkeld over de voor- en nadelen van de ziel, alsmede over weggaan en terugkomen, terugkomen en weer weggaan en dat het daar nu het seizoen voor is en dat er niets is wat een plek zo anders maakt als dat voortdurende va-et-vient van mensen. Zo gaan de woorden nog een tijdje over en weer, zoals mensen over en weer gaan, zoals de takken van de beuk lichtjes over en weer gaan in de avondbries en zoals de vele zeeën – god weet hoeveel kilometer hiervandaan en god weet waar overal ter wereld – over en weer gaan en niemand die beseft waarom of waarvoor.

Het is een volmaakt nutteloze, lome avond in de maand juli van het jaar 2001. Peperoni, die nu geheel en al uit peptalk opgetrokken is, houdt vol dat ze mag verrekken als het niet waar is, maar dat ook het hiernamaals bestaat en dat wij dus – 'Kop op, jongens!' – nog heel wat voor de boeg hebben. Want als de ziel een feit is, dan moet er een plek zijn waar die onderdak krijgt, waar of niet? Omdat iedereen nu eenmaal van ergens is. En dat zij hier toch niet staat te dromen, zeker? Trouwens, zelfs dát heeft in de krant gestaan: dat het hiernamaals bestaat en dat het de Engelsen zijn die het ontdekt hebben en dat het allemaal wetenschappelijk bewezen is, min of meer toch.

Zo verstrijkt de tijd. Alle merels zijn in slaap. Alle gazons zijn gemaaid. Fles drie is op, fles vier is aangebroken. Dan gebeurt er iets wat niet past bij een avond als deze, iets wat eigenlijk niet zou mogen, omdat het niet volmaakt is en niet nutteloos. Het is Lanzarote. Wij zijn zo verdiept in het laag-bij-de-grondse, het platvloerse en het ondermaanse, wij zijn ons zo verregaand aan het bekwamen in weggaan – uit ons land, uit onze stad en uit onszelf – dat zij helemaal aan onze aandacht is ontsnapt. Het is een tijd om geslaagd te zijn, maar dat is zij niet en het is niet waar dat iedereen van ergens is, want al gaat Lanzarote elk jaar naar Lanzarote, zij is van top tot teen van nergens. Zij heeft zo'n blik waaruit blijkt dat alles moet verdwijnen, zo'n schrikaanjagende blik, waardoor je in de kortste keren zelf dreigt te verdwijnen, althans wanneer je er te lang in haken blijft. Het is een betoverend mengsel van weemoed en wellust. Het is iets waardoor het tegelijk toen en nu en straks is.

Iemand van ons moet gaan. Tsjoefke en Wiskie, de zelotische zwijgers, komen niet eens ter sprake. Peperoni is evenmin aangewezen; die tatert er dan weer op los alsof zij zelf hulp behoeft. Het is Dolores die gaat, verreweg de dapperste als het op troosten aankomt. Precies doordat zij zo *douloureus* kan kijken, kost het haar geen moeite wie dan ook te overtuigen dat het haar ernst is. Niet lachen, daar is zij een deskundologe in. Zij gaat, maar ik ben er toch niet helemaal gerust op. Ik volg haar.

Gevraagd naar wat haar scheelt, blijft Lanzarote eerst nog koppig zwijgen. Zoals zij daar zit, op de grond van de slaapkamer, is zij een klein meisje. Haar jurk is opgeschort tot een eind boven haar knieën, zij houdt haar stijf gestrekte benen wijd open, in v-vorm. De v van vluchten. De v van vliegen. Met haar rug leunt zij tegen de rand van het bed. Haar gezicht is betraand, haar mascara is uitgelopen. Ik blijf in de deur staan. Dolores vraagt: 'Wat scheelt er toch? Wat zit je hier te doen?' 'Niets,' zegt Lanzarote, 'ik ben aan het verdwijnen.' Zij staart voor zich uit alsof zij het laatste van zichzelf achternakijkt. 'Het is om juli,' zegt zij, 'om juli, en vooral om de julinachten.' 'Om Lanzarote gaat het,' zegt zij, 'om al die julinachten op Lanzarote en om iemand die ik daar tijdens die julinachten heb gekend.' 'Vooral om hem gaat het,' zegt ze, 'maar het gaat ook om de ziel, het gaat om de ziel van alles.'

'De ziel,' zegt Dolores, 'sorry, ik héb er geen en ik wíl er geen, zelfs niet als ik haar gratis kreeg.' Door het open raam waait de wind flarden van Peperoni's geschetter naar binnen. Geregeld zijn de woorden 'ziel' en 'hiernamaals' te horen. Het houdt maar niet op, de geruchten achtervolgen ons, overal. 'Pouilly-Fuissé,' zegt er een – ik kan niet horen wie – 'Pouilly-Fuissé is een geschikte naam voor de ziel.' 'Wimbledon,' zegt een ander. 'Germinal, Florial, Prairial,' zegt een derde, een die mij imiteert, nu ik toch niet in zijn buurt ben. En zo zorgt ieder voor zijn eigen gerucht op een nutteloze, lome juliavond in het jaar 2001. En ieder gerucht zoekt een ander gerucht op en alle geruchten samen vermenigvuldigen zich ook nog eens in het diepste donker van de nacht en verdwijnen naar landen die geen van ons allen kent.

Het is af te raden langer dan een uur onder de sterren te zitten. Sterren zijn schadelijk. In sterren staat geschreven dat alle sterren ongelijk hebben. Lanzarote is van nergens en wil van de sterren zijn. 'Lang gedacht,' zegt zij, 'het kan toch niet, ergens moet er meer zijn. Is het leven dan echt niet meer dan dit?' 'Precies een jaar geleden is het,' zegt zij, 'dat ik alles zo lelijk ben gaan vinden, al die dagen, al die nachten.' 'Je hebt gelijk,' antwoordt Dolores, 'meer dan dit is er niet, vergeet het maar.'

Blijkbaar lucht dat op, zoals wat triest is dat vaak makkelijker kan dan platte pret. Beide vrouwen maken aanstalten om zich opnieuw bij het gezelschap aan te sluiten. Ik ga hun voor. Zodra Dolores de tuin betreedt, laat zij warempel iets als het begin van een glimlach zien. Tsjoefke, tactloos als gewoonlijk, klapt onstuimig in de handen. Op zijn lippen ligt er al een flauwe grap bestorven, die het minst geschikte moment afwacht om toe te slaan. (Mensen die te lang hebben gezwegen, hebben op de lange duur alleen nog talent voor flauwe grappen.) In huizen rondom ons gaat licht na licht uit. De aarde verdwijnt. In het wiebelende fakkellicht bestaat alleen de tuin nog. Lanzarote laat zich gewillig een glas Pouilly-Fuissé inschenken, het laatste, en zij brengt een toast uit. 'Op de ziel,' zegt zij. 'Op de ziel,' zegt iedereen, behalve Dolores. Maar ook aan Lanzarote is te zien dat zij daar al niet meer in gelooft, in de ziel, hoezeer zij ook van de sterren is. Het is haar aan te zien dat zij nooit meer weg wil gaan. Zeker niet naar die ene plek. Zeker nooit meer naar Lanzarote.

Augustus

De werktafel staat opgesteld in de voortuin, op het pasgemaaide, strogele gazon en in de schaduw van een rij steeneiken. De plaats is Ménerbes en wij worden momenteel verwend met een soort hyperkinetische zomer. Er suist van alles door de luchten: hommels, horzels, wespen en kevers. Al meer dan twee decennia ken ik deze plek. Ik ben weer thuis. Anderzijds: veel wat stond te bloeien zonder dat iemand daar aandacht aan schonk, heeft zich de voorbije nacht – ontredderd vanwege zoveel verspilde energie – in één enkele radeloze geste en met behulp van de mistralwind de kleren van het lijf gerukt. Zodra je uitgebloeid bent, begint immers steeds je grote ongelijk. (Misschien is het daarom wel beter niet te bloeien.) Toch staat er nog meer dan voldoende in volle fleur: onder meer de althea's, de stokrozen en de nachtschonen. 't Lijkt wel alsof ik lyrisch word van al die natuur. Een onmiskenbaar symptoom van ophanden zijnde ouderdom. Want – inderdaad – al dat gebloesem is minder aan de jeugd dan aan oude kneuen besteed. Bij gebrek aan eigen sier moeten die laatsten zich immers laten voorstaan op wat er rondom hen te geef is, en dan is het zaak daar het beste van uit te kiezen. Wie jong is, heeft daar geen behoefte aan, die bloesemt er vanzelf al op los. Hoe dan ook, men roepe mij in elk geval een halt toe wanneer ik te zeer aan de natuur verslingerd raak. Men sture mij een paar heren in witte jassen als zou blijken dat ik enkel nog met lavendelvelden en wijnranken belief te converseren en een slagvaardige vetmester voor het geval dat ik mij nog uitsluitend met madeliefjes, driekleurige viooltjes en paardebloemen wens te voeden.

Ik houd niet van zondagen. De zondag is het fin de siècle van de week. Het is een bullebak van een dag en het is een trieste tijd: de postbode komt niet, er is geen krant en er ligt ook nog iets als een maandag in het verschiet. Ik ben op een zondag in augustus geboren en nu, achtenveertig jaar later, ben ik al in de augustus van mijn leven. Dit terwijl ik mijn jeugdpuistjes nog niet helemaal achter de rug heb en mijn eerste liefdesverdriet nog moet beginnen te verwerken. Ook voor mijn geboortemaand heb ik geen respect, niet het minste. Waarom zou ik? Is geboren zijn dan niet voldoende?

Augustus is een beetje hautain en in elk geval overmoedig: nog één keer retteketetten en schetteren als een marktkramer en kwistig met het heetste zonlicht gooien alsof het niet op kan en plotseling is het op en dan ligt augustus – het empire van de natuur – er beteuterd bij, en dan verkeert augustus – de keizerlijke, de opulente – in volle decadentie, angstig wachtend op de guillotine van de herfst. Het is in een augustusnacht, wanneer de hitte nauwelijks gaat liggen, wanneer de wijn rijkelijk heeft gevloeid en je hele lijf jeukt, dat één enkele mug die je om de oren zoemt, volstaat om de waanzin in alle hevigheid te doen losbarsten.

Uiteraard zie je na afloop van zo'n nacht ook in dat de angst waarmee je op een bepaald gebeuren anticipeert, allicht onnoemelijk veel erger is dan welke realiteit ook. Maar het helpt niet echt dit te weten. Het is allemaal een kwestie van zelfverdediging, denk ik, van preventief lijden. Het is volstrekt onbegrijpelijk dat niet iedereen gek wordt. Het is een beestenbende, het leven. En de augustusnachten zijn bij uitstek de nachten van het preventieve leed. Zij moeten – als antidotum – niet alleen de schittering en de verblinding van de augustusdagen temperen, maar ons ook het nakende debacle indrammen, zodat dit straks – in het echt! – misschien nog best meevalt.

Omdat een mens niet elk jaar kan doen alsof hij zijn verjaardag vergeten is of niet uitentreuren een boom over de willekeur van de tijdrekening kan opzetten, brengt verjaren mij somtijds, zelfs met de feestneus op, serieus aan het mijmeren: als ik zo oud als mijn moeder word, heb ik nog drie jaar te gaan en als ik het zover als mijn vader schop, dan blijven mij nog zes jaar. Ik ben in de augustus van mijn leven, maar wie zal zeggen dat mij niet het lot van mijn ouders beschoren is en dat het nooit oktober wordt? 't Is maar dat ik alvast dolgraag wil weten hoe dat nu eigenlijk zit, zodat ik, als de nood aan de man komt, fluitend, pierewaaiend en onder de rokken van mijn teerbeminde graaiend naar de bliksem kan gaan. Ik ben natuurlijk een verwerpelijke hypochonder. Dat bewijst ook mijn teleurstelling over het feit dat de langste dag alweer veel te lang voorbij is. Dat ik daarentegen meer een voorstander van de op- dan van de neergaande lijn ben en dat ik meer op de verwachting dan op de realisatie ben gesteld, maakt mij misschien juist een optimist. De fundamentele levenslust van een mens blijkt overigens hieruit dat, als je hem aan het eind van zijn leven zou vragen of hij alles opnieuw zou willen meemaken, vanaf nul, met dezelfde onwetendheid, dat hij dan waarschijnlijk zou zeggen: 'Nee, het is genoeg geweest, dank u wel', en dat hij desondanks koste wat het kost wil voortleven, ook als het zich niet laat aanzien dat hij ooit iets van een zekere duurzaamheid zal nalaten.

Het is de oogstmaand en het is maar de vraag of er iets te oogsten valt. Sommigen laten op aarde triomfbogen na, anderen een collectie stropdassen of sokken, nog anderen een aanzienlijk kroost, een omvangrijk literair oeuvre, een inventief rioleringssysteem of een zolder vol lege flessen. Maar wat laten wij echt na? En wat laten die ná ons na aan hún nabestaanden? Waar gaat alles naartoe? Alles moet toch ergens samenkomen, wanneer het straks verdwenen is? Bestaat er een depot waar al het verlorene, al het gemiste, al het vernielde en al het vergetene wordt ondergebracht? Op welke uren is dat toegankelijk? Wie is daar de conciërge van? Toch God niet? Is er iemand die Hem eventueel, na veel gesjacher, omkopen kan, zodat wij ons dag en nacht toegang kunnen verschaffen tot wat ons lief is? Want als alles wat verdwijnt zich alleen maar bij het voorgoed verdwenene vervoegt, waartoe heeft het dan gediend? En waartoe dient dan een mens, die op zekere dag ook zelf verdwijnen moet? (Voor het geval dat men het ooit voor het kiezen heeft: als het op nabestaan aankomt, wens ik, omdat ik nu eenmaal sedentair van aard ben, één enkel vijfsterrenhiernamaals – standaardformule, all-in – boven dat permanente gereïncarneer van hot naar haar.)

Nu ik hier onder de steeneiken lig te prakkiseren, terwijl mij uit de keuken odeuren tegemoet waaien van de lamsbout in zoutdeeg die Totje aan het bereiden is, vraag ik mij af wat er in mijn buurt als nalatenschap het langst aan de vraatzucht van de tijd kan weerstaan. En natuurlijk is dat die Lubéron, waarvan de hellingen in mijn gezichtsveld liggen. (Jammer voor de lamsbout; die eindigt straks roemloos in onze darmen en vervolgens in die van Ménerbes.) Wel onttrekt het gebergte zijn everzwijnen en zijn slangen, zijn waldenzenverleden en zijn kastelen, zijn ceders en zelfs zijn dorpen aan mijn oog. Zo verbergt het grotere het kleinere en het kleinere, vreemd genoeg, ook het grotere: het everzwijn de geheimen van het everzwijn, het dorp de dromen van het dorp, de kastelen al het bloed dat in de voorbije eeuwen in en rondom de kastelen is gevloeid.

De avond is op komst. Er is tegen het inktblauw van de

hemel al een premature maan ontstaan in ik weet niet het hoeveelste kwartier. Ruimschoots op tijd hangt de nacht alvast zijn vlag uit; zijn eerste ploeg staat klaar om het afval van de dag te verzamelen. Zelfs nu suist er van alles door de luchten, maar de motten en de muggen zijn nog aan het dineren of het moest zijn dat zij al hun opwachting in de coulissen aan het maken zijn, vastbesloten mij straks tijdens mijn openluchtschrijverij bij kaars en lantaarn te koeioneren.

Het is de tijd entre chien et loup, de tijd van de doelloze vragen. Zoals: voeg bij mijn verjaardag nog eens zo'n goede tweeduizend jaar en dan nog eens; wat zal er dan overblijven van Ménerbes en Lacoste, Bonnieux en Oppède-le-Vieux, wat van Sivergues, Auribeau en Saignon, al die dorpen die mij ooit aan het dromen hebben gezet? Wat zal er resten van mijn gebeente, mijn angsten, mijn liefde en mijn verlangens? Voeg bij de dag van mijn verjaren tienduizend jaar, vergaar alle jaren die er ooit zijn geweest en voeg daar vervolgens nog honderdduizend en daarna een miljoen, een miljard of een triljoen jaar aan toe. Wie zal er dan de weg wijzen naar wat er overblijft? Wie zal er dan aan wie vertellen hoever het nog is?

En zal er nog ergens een rare snuiter, een homunculus van een dichter zijn die zich afvraagt: hoeveel sterren zijn er nodig voor één heelal, hoeveel tijd is er nodig voor één enkele ondeelbare eeuwigheid? En ook: op welke tropische vooravond, op welke augustusdag en in welk jaar is het geweest dat de maan prematuur aan de hemel stond en dat er in Ménerbes, ter hoogte van de chemin des Garrigues, een onweerstaanbare geur hing van lamsbout in zoutdeeg, terwijl in de steeneiken de cicaden tsjirpten en daaronder iemand stomweg de duur van de eeuwigheid lag te becijferen?

Ik heb mij in geen jaren zozeer gerealiseerd hoe erotisch dit landschap met zijn feminiene glooiingen wel is. Het moet zijn sensualiteit zijn die mij telkens opnieuw naar hier lokt, dat rustige voyeurisme waarvoor de natuur mij niet alleen haar fiat geeft, maar waartoe zij mij zelfs uitnodigt. Het gaat hem om een ingehouden erotiek, geen vulkanische ejaculatie, maar iets wat uit louter streelzucht bestaat. Erotiek met de kuisheidsgordel om. (Overigens is werkelijk niets zo sexy als al dan niet gepretendeerde kuisheid. Wij moeten erosubsidies voorzien ter opflakkering van beeldschone jonge nonnen in een preconciliair prêt-à-porter dat de hardste hardcore porno doet verweken tot Tiroler seks.)

Nu de avond valt, dekken de heuvels zich toe met een dunne sprei van witte pluche. Er hangt een zachtzinnige nevel die alleen maar bewijzen wil dat er een waarlijk goede verstandhouding tussen hemel en aarde heerst en dat het niet verboden is zich, ergens daartussen, perfect thuis te voelen. Achter de ramen gaan de lampen aan en alle kleuren trekken zich in de huizen terug. Straks heeft de wereld nauwelijks nog kleren aan.

September

September probeert november al te playbacken terwijl hij daar, af en toe gestoord door een kortstondig reveil van de zomer, niet altijd evenveel talent voor heeft. September moet nog leren wat sterven is, maar hangt af en toe met veel branie en bombarie de volleerde gestorvene uit. Alsof het volstaat een paar bladeren te verliezen om dood te zijn en daar prat op te gaan. Maar eigenlijk is september niet meer dan de karaokebar van Moeder Natuur of een playbackshow met alleen maar veel gezucht en gekreun en zonder dat levensechte gebeuk van de novemberstormen, die gore, aan lagerwal geraakte operadiva's.

Zo had september tenminste hóren te zijn en zo ís het meestal: beetje onbenullig, beetje onpersoonlijk, beetje bourgeois en beetje kneuterig, maandje van niks dat terecht door niemand wordt onthouden. Maar zoals wij weten: zo is hij dit jaar niet geweest. September heeft amechtig staan playbacken op een foute soundtrack – wat geen gezicht was; september was totaal machteloos en doodgewoon verkeerd, verschrikkelijk verkeerd. Je kon alleen hopen dat een dikke mist al die ellende verbergen zou en dat – wanneer die optrok – zou mogen blijken dat er helemaal geen ellende was geweest.

Mist is namelijk een absolute must voor een maand als september, die debuteert in de herfst. September heeft die nodig, zoals een dame, nog maar pas op haar retour, die voor het eerst echt make-up behoeft: om alvast een en ander te verdoezelen. Ik zou ontroerd kunnen worden, want mijn gemoed loopt moeiteloos vol ten aanschouwen van vrouwen die proberen te ontsnappen aan het monster van de tijd. Maar ik word allerminst gegrepen. De herfst is geen dame, maar een beursgoeroe die investeert in de sluimerende aandelen van de dood. En dit jaar had september geen mist in petto, maar rook.

Het had natuurlijk de laatste september kunnen zijn, na de feiten van de elfde, want eens moet het de laatste zijn, eens is alles voor het laatst, hoe dan ook, waarschijnlijk op het moment dat iedereen verwonderd zegt: 'Waarom nu?' (Op die zogenaamd historische ochtend had ík naar 'Flaming September' van Marianne Faithfull geluisterd: had dit feit de geschiedenis wel goed gedaan? Je weet niet wie of wat een zaak in gang zet of het lot een wending geeft. Het kan volstaan één wind te laten, een fractie van een seconde de verkeerde kant uit te kijken of een hemd van een te felle kleur te dragen, en ergens elders gaat met een vrolijk 'Jodeliho' en onder een vuurwerk van bombardementen een oorlog van start.) Waarom nu, en waarom ik, vraagt men zich af. 'Ik was net bezig met het scheren van de haag,' zegt de een. 'Ik wou net "C'est quoi la vie?" bekijken op de video,' zegt een tweede. Een derde zegt: 'Ik had net een levensverzekering afgesloten.' Een vierde: 'Ik maakte mij net op om van bil te gaan in een peeskamertje boven bar Eden.' En dan plots, één storm, één blikseminslag, één kus of één streling te veel.

Eens worden de lakens niet meer afgehaald in de wasserij. Eens komen de kinderen niet meer terug van hun school. Eens poetst niemand nog zijn tanden. Eens wordt de hond niet meer uitgelaten en komt de postbode niet meer langs. Eens brokkelt vliegensvlug het huis af waarin je, bij een glas bourbon en een zoutje, zit te schaken. Eens moet en zal het de laatste septembermaand zijn, zoals het eens de eerste septembermaand is geweest. Eens houden alle maanden van de wereld op, misschien lang nadat die van jezelf opgehouden zijn, misschien gelijktijdig. Eens gaat alles zo traag, zo traag dat het stilstaat. Eens staat alles zo stil, zo stil dat het wel lijkt of alles opgehouden is en nooit bewogen heeft.

Honderd en een meningen zoefden als projectielen door de luchten. Je had een stevig ruimteschild nodig om je daartegen te beschermen. Ze zouden het ons ooit vragen, zeiden ze in het journaal: 'Waar was jij die bewuste elfde september van het jaar 2001?' Ze gingen er namelijk van uit dat het een dag voor de boekjes was. Dat moesten wij geloven, willen of niet. En ja, geconfronteerd met de feiten, hechtte ook ik één ogenblik geloof aan het worst-casescenario dat op de televisie door een hooggeleerde lapzwans van een ex-minister geoelepetoet werd: er stond weer eens een wereldoorlogje voor de deur. Afgaand op het deels hovaardige, maar deels ook ironische facie des oelepetoets, stond het daar zelfs 'doodleuk' voor de deur, dat wereldoorlogje. Hij had er schik in dat hij de eerste in den lande was die het ons als een klapsigaar mocht offreren. Maar hij kon niet verhinderen dat ik een en ander algauw relativeerde, voorzover dat met iets infernaals als dit tenminste mogelijk was.

Weerom zoemde Marianne Faithfulls 'Flaming September' door mijn kop:

The Summer dying
September lives in flame
The sisters dancing
No happy ending to the game

Er is een mooi Vlaams woord, enigszins congruent aan onze neerslachtige en nogal suïcidale volksaard, het woord 'dieperik'. Het wordt vrijwel uitsluitend gebruikt in de uitdrukking 'naar de dieperik gaan', al vind ik dat het ook niet zou misstaan voor een kroeg. Café De Dieperik, daar wil iedereen toch naartoe? Toch zeker als het oorlog wordt? Hoe dan ook, als je daarnaartoe bent gegaan, naar de dieperik (en nu bedoel ik niet het café), dan kun je desgewenst van daaruit, diep in de put zittend, iets van je laten horen of je kunt een brief schrijven 'vanuit de dieperik', het Vlaamse equivalent van 'de profundis'. Maar hoe het daar ten diepste is, dat weet niemand, omdat je in de diepste dieperik dood bent. Wij gaan met zijn allen de dieperik in. Tenminste, dat zeggen ze her en der, sinds de grote stalen draken de Twin Towers doorboord hebben, sinds zij van tussen hun laaiende kaken vuur hebben gebraakt, dit alles precies alsof het echt was.

Maar gaan wij wel de dieperik in? Er is al zo lang terreur en daaraan heeft bijvoorbeeld een kleine dertig jaar geleden ook een andere organisatie geparticipeerd, een die zich nota bene 'Zwarte September' noemde en die de Olympische Spelen van München als bühne koos. Ik heb er geen verstand van, van oorlog en van non-proliferatieverdragen en van de accessoires van de internationale politiek. Maar doen alsof mijn neus bloedt kan ik niet. Wel vind ik intussen met mijn kwartjeskennis dat je het drama van 11 september bezwaarlijk het begin van een 'wereldoorlog' kunt noemen. Of het moest zijn dat je de incubatie daarvan al bij de oerknal laat beginnen. Alleen wie zich door de westerse pers de zelfoverschatting van het Westen laat aanpraten, gebruikt het woord 'wereldoorlog' zo lichtvaardig. De ijzingwekkende genocide in Rwanda en de afgrijselijke Golfoorlog dreigt hij daarmee te bagatelliseren.

Eén ding is mij nog maar eens duidelijk: Amerika ligt kennelijk dichter bij Europa dan Afrika of sommige Aziatische landen. Een beetje sterver, ons respect waard, sterft in het goedgemanierde Westen, onder het kameraadschappelijke oog van de juiste camera's en omringd door meer filmband. Nogmaals: precies alsof het echt is. Westerse doden zijn betere doden. En er zijn er minder van nodig voor een gepresumeerd historisch feit: zo'n slordige vijfduizend in een vrije val van hoogstens honderd en tien verdiepingen volstaan ruimschoots voor het gevoel dat het niet minder dan de algehele mensheid is die daar in een mum de dieperik ingaat. Sterven, je kunt het beter vanuit den hoge doen. Zodat onze God, die voortdurend geacht wordt zijn verrekte 'blessings' als confetti over Amerika te strooien en de islamitische Heer van het Heelal, die boven de wolken een rustig burgerbestaan leidt, vanuit hun vip-loge kunnen zien dat het goed is.

Wat er ook van zij, op 11 september 2001, zo midden in die mogelijk laatste septembermaand, als we tenminste de zwanzoloog mochten geloven, meende ik mij nog perfect een van mijn eerste septembermaanden te herinneren. Wat het woord 'oorlog' precies betekende, ik wist het toen nog niet. Ik moest Ivanhoe, Wilhelm Tell en Gevederde Slang nog leren kennen. Ik moest mijn eerste zwaard en mijn eerste boog nog zien te fabriceren en een vijand verzinnen tegen wie ik, precies alsof hij echt was, ten strijde zou trekken. De ergste wreedheid van september bestond er voorlopig in dat ik als elke schoolgerechtigde kleuter van mijn moeder weggerukt werd en in een bank plaats moest nemen onder de, toegegeven, angelieke en irenische blikken van zuster Regina.

Ook was het in zulke oude tijden dat er soms al vroeg in de ochtend rook kringelde uit de schoorstenen van de huizen van mijn dorp, zelfs als de herfst nog niet begonnen was, een heel andere soort rook dan die op Ground Zero in Manhattan, een rook met de geur van vanille, mergpijpen en verre naaldwouden. Soms klonken er stemmen in de straten van mijn dorp, stemmen van kinderen op weg naar of van hun school. En zuster Regina bezwoer zichzelf dat zij van alles in onze kinderhoofden zou proppen, en zij zorgde er al vanaf die eerste maand voor dat de potkachel in het midden van de klas brandde met een gloed die haar allicht het ontbeerde moederschap kon doen vergeten. Nog zie ik haar niet alleen het vuur aanwakkeren, maar het ook angstvallig bewaken, alsof het elk ogenblik op de loop kon gaan. Zij wilde ons alvast bijbrengen dat een voorspoedig leven vooral een kwestie van een efficiënte potkachel is. Voorts moest ons natuurlijk het juiste gebruik van allerlei bloedserieuze fröbeliana aangeleerd worden: kleurboeken en -potloden, verfdozen en plasticine, glans- en calqueerpapier. En ach, toekomst moest er eigenlijk niet in, in onze bol, toch niet zoveel. De oorlog was maar goed tien jaar voorbij. Als kleuters zaten wij nog min of meer op de Ground Zero van ons bestaan. Helden, dát waren wij. Maar de dieperik bestond nog niet en wij hadden er nog geen weet van wat het einde betekende. Ja, een bloedneus misschien. Alles wat wij wilden, was beginnen.

Oktober

Ik heb een jongen gekend die, wanneer je hem vroeg wat hij later worden zou, met een laconiek gezicht 'Dakloze' antwoordde. 'Dakloze' met een hoofdletter welteverstaan. Je kon in zijn stem het ontzag horen voor hen die het zonder dak konden stellen. Tot zo'n daklozenhoofd wisten de stoutste dromen zich namelijk ongehinderd toegang te verschaffen.

Een andere jongen heb ik gekend die, toen zijn moeder hem omstreeks oktober vroeg wat mist was, als een ware geleerde antwoordde: 'Mist, mama, mist is de adem van alle mensen van de hele wereld. Dat is mist.' Die jongen heette ook nog eens Brechtje, wat 'licht' betekent. Brechtje was een groot licht en een spitsvondig man, zoals velen spitsvondig zijn zolang het licht nog in hen schijnt en zolang zij nog in hun jongensverpakking zitten. Het is een misdaad dat de jaren een mens daarvan ontdoen: zonder verpakking geen essentie, zonder strik geen geschenk.

En dan was er nog die ene jongen. Hém kan ik mij maar moeizaam herinneren. Vanaf oktober ging hij bladeren rapen. Hij legde ze te drogen tussen de bladzijden van een oud telefoonboek en prikte ze ten slotte tegen het behang van zijn kamer. Alsof het vlinders waren en alsof hij maar weinig verschil zag tussen vallen en vliegen, tussen dwarrelen en fladderen. Die jongen, dat was ik. Ik archiveerde in mijn doodgemoedereerde eentje het verloren lover van oktober.

Oktober is, omdat hij van zichzelf criant vervelend is (warempel nóg saaier dan september!) en omdat hij de feeërieën van de mooiste winterdagen of de toverij van zomerochtenden ontberen moet, de maand die het meest om fantasie schreeuwt, om levensnoodzakelijke frivoliteiten, om fopneuzen en kijkdozen, om Märklin-treinen, onderaardse gangen, negerhutten van oom Tom en kattenkwaad van Pietje Bell. Oktober heeft behoefte aan verbeeldingrijke jongens, die gespecialiseerd zijn in het verlorene en die bereid zijn al het gevallene aan de rechtmatige eigenaar terug te bezorgen. Jongens zoals wij dat waren, met knikkers en 'trottinetten', met katapulten en 'klakkebussen', met draaitollen en bikkels, Jongens zonder Gameboys nog, die met een vedertooi of een zuidwester boven hun verstand besloten hadden de herfst de oorlog aan te zeggen en die hun zinnen hadden gezet op de enige echte lente, gelegen onder de plisségrokken van hinkelende, jojoënde en hoelahoepende meisjes. Jongens ten slotte die, nu het eerste schoolleed achter de rug lag, op woensdagmiddagen uitgelaten zongen – 'Brigitte Bardot-oho, op mijnen vélo-oho', of: 'O Sole Mio, wast uw gat met Brio' – en die schatten begroeven en dure eden zwoeren en tien keer per dag aan flarden geschoten werden en elke keer weer, onverwoestbaar, machtiger dan ooit, uit de dood herrezen.

Ik mag verrekken als het niet waar is: het wordt elk jaar toch zeker wel opnieuw oktober? Ik ben, tegen mijn verwachting in, groter en ouder geworden, niet veel, maar voldoende om een gerede kans op bejaardendom te maken en straks tegen een deficiënte prostaatklier of een gebrekkige blaas bij tijd en wijle een maxipak met superabsorberende luiers nodig te hebben. Als ik mij hierover dan toch verbaas, dan komt dit doordat ik in oktober onveranderlijk denk dat het altijd oktober zal blijven, dat er na die maand volstrekt niets meer komt en dat je dus ook zelf voorgoed blijft wat je bent. Met betrekking tot mei denk ik dat eigenaardig genoeg nooit. In mei denk ik: het gaat voorbij. In oktober: het gaat nooit over. In oktober verloopt het jaar in slowmotion, in doodzieke monotonie. Het is zo'n maand waarin alles wat de moeite waard is, in een nog onzichtbaar verre toekomst ligt. Het rouwproces om de voorbije zomer is nog niet eens achter de rug. Het is nog veel te vroeg om al opnieuw met verlangen te beginnen. Wie dat wel doet, raakt in de kortste keren buiten adem.

Ik krijg van de weeromstuit de aanvechting om aan alles de brui te geven. Uitkijkend over het dal der plichten wens ik alleen maar Gods water over Gods akker te laten lopen. Ik verveel mij uitermate en alles stimuleert ten zeerste de slaap.

Maar misschien is dat het beste synoniem voor geluk: verveling. Er overkomt mij tenminste geen ware rampspoed in oktober. En inderdaad, er gaan zoveel prullaria stuk – mijn kaasmolentje, een veer van de garagepoort, twee minuscule raampjes, het glas waarachter de foto van mijn oma zit, mijn vruchtenpers, mijn dahlia's (fataal geveld door de witziekte), een band van mijn fiets, een spaak van mijn fiets, een lamp van mijn fiets – er gaat zoveel stuk dat, als ik zelf ook niet stukga, mij ongetwijfeld een overweldigend geluk te wachten staat.

Mij overkomt de herfst zoals maandstonden een vrouw overkomen. Erger nog, ik zit de herfst uit als een gevangenisstraf. Mag het misschien ietsje minder zijn? Als de seizoenen per se allemaal moeten, kan Zijne Hoogedelachtbare, Opa Tijd, dan geen genoegen nemen met een kleine maand herfst en – vooruit – anderhalve maand winter? Ik deel het enthousiasme niet van mensen die beweren dat er soms zo'n fraai licht kan spelen in al dat bladgoud, al dat oker en al dat koperrood van de oktoberbladeren, en dat er dan precies een modeshow plaatsvindt in de natuur, alsof Giorgio Armani de echte directeur van de aarde is en God hooguit afgevaardigd beheerder of zaakgelastigde. Er zijn er zelfs – ik mag er niet aan denken – die opperen dat oktober de maand van de dichters is. Alsof zij een zegen voor de mensheid zouden zijn, die lichtelijk lachwekkende knarren, die voortijdig gebochelden, die maar blijven schrijven en die als horlogemakers zitten te wriemelen en te prutsen en te peuteren op de vierkante centimeter en die intussen vergeten te leven, begerig en gretig, met brede armgebaren en gulzige longen.

En als je zo'n dichter vraagt waarvoor of voor wie hij het doet, dichten, dan weet hij het niet of hij zegt dat het prettig is, of komt met een uitleg opzetten die wel erg dichterlijk klinkt maar die behalve voor de dichter zelve en een paar bollebozen, door niemand begrepen wordt, niet door het dichterslief of het dichterskind of de dichtersmoeder en al zeker niet door de automonteur of de bakkersvrouw of het buurmeisje van tien. Door niemand die ertoe doet, wordt begrepen waarom en waarvoor en waartoe de dichter dicht. En de dichter dicht maar verder en op den duur weet hij het ook niet goed meer, waarom en waarvoor en waartoe hij dicht. Als hij het hoofd echt niet meer koel kan houden, dan denkt hij dat de wereld hem nodig heeft, nu en tot het einde der tijden. En het wordt intussen weer eens oktober en de mensen zeggen: 'Oktober, is dat niet de maand van de dichter?'

Het dichten van de dichter laat zich misschien nog het best vergelijken met het roken van de roker. De dichter dicht zoals de roker rookt. Stomweg omdat hij het niet laten kan en omdat hij ervan uitgaat dat hij, als hij maar voldoende dicht of rookt, tot de dichters of de rokers gerekend worden zal. En dat hij bijgevolg ook bij hen horen zal. Want dat is wat hij wil. Eindelijk eens ergens bij horen, gedoogd worden, meer dan gedoogd: vereerd, gerespecteerd en geliefd worden. Hartstochtelijk, gruwelijk, onbeschrijfelijk of moordzuchtig geliefd – doet er niet toe. Maar ondertussen staat hij er niet bij stil dat het vuur dat hij in zijn sigaret jaagt die sigaret ook op doet branden en dat elk gedicht zijn levensduur bekort. Hola, verdedigt hij zich, is schrijven dan geen manier van leven? Ja toch? Maar de automonteur en de bakkersvrouw en het buurmeisje van tien en zelfs het dichterslief en het dichterskind en de dichtersmoeder denken daar nu eens helemaal anders over, zo anders dat de dichter zelve op sommige momenten van de dag, voornamelijk op het mistroostig stemmende uur entre chien et loup of tussen vier en vijf in een winternacht, wanneer het licht nog lang op zich zal laten wachten en het wel lijkt of de nacht en de winter de enige waarheden zijn, zo anders dat de dichter dan weleens denkt dat hij en hij alleen zich vergist, en niet de automonteur en de bakkersvrouw en het buurmeisje van tien, en dat het misschien wel wijzer is op te houden met die discutabele pogingen om dag na dag de verkeerde woorden in de juiste volgorde te zetten.

Het ergste is dat hij soms begint te tellen: hoeveel jaren zijn vergissing nu al duurt en hoeveel jaren hij zichzelf al wijsgemaakt heeft dat het eigenlijk wel prettig is, te dichten, en hoeveel jaren hij al gedacht heeft, ten onrechte, dat zijn uitleg klopt. Maar ja, hij verdient er een cent mee, de dichter, omdat de minister of de minister zijn letterkundig adviseur of de minister zijn hooggeachte en eerbiedwaardige letterkundige commissie het op hem begrepen heeft of vindt dat hij het verdient een cent te verdienen en verder houdt hij zijn letterkundige smoelwerk maar dicht, omdat het veel beroerder is om den brode beerputten te moeten ruimen of bandwerk te verrichten in de autoassemblage of bij guur weer nieuwe rioleringen te moeten aanleggen onder het trottoir, dat eerst nog middels drilboren en mokers en houwelen opengebroken dient te worden, zeer tot ongenoegen overigens van de dichter die zich daar toevallig ergens metterwoon gevestigd heeft en die veel stilte nodig heeft om zijn eerbiedwaardige dichtregels te kunnen dichten en die zich van pure ergernis wel een kogel door het letterkundige hoofd zou kunnen knallen, maar die dat niet doet, onder meer omdat het hem op het allerlaatste moment helder voor de geest komt te staan dat het belangrijker is een trottoir open te breken en de straat van een nieuwe riolering te voorzien dan om het even welke dichtregel te dichten op grond waarvan je tot de dichters of tot de rokers of voor mijn part tot een of ander obscurantistisch cenakel van contemplatieve duivenmelkers behoren mag. En dus zwijgt de dichter. Zelfs wanneer er her en der een zonderling opstaat die van bewondering in katzwijm dreigt te vallen voor een maand als oktober, die hij de maand van de dichters belieft te noemen, zelfs dan zwijgt de dichter. Maar diep in hem roeren zich de ware vorsten van oktober, de jongens in wier hoofden daklozen wonen, in wier dromen bladeren dwarrelen en vlinders fladderen, wat precies hetzelfde lijkt, en uit wier monden een mist ontsnapt die de adem van alle mensen van de wereld is.

November

Ik wilde het thans absoluut niet over de dood hebben, want voor mij is november de maand van de chrysanten en die hebben nu net, ondanks hun funeraire renommee, een zeer manifeste levenswil, die zich uit in een gulzig en zelfs enigszins schunnig gebloesem, in een flirtatie met verrijzenissen en hiernamaalsen. Maar natuurlijk is het wel waar dat de rest van de natuur intussen op apegapen ligt, zich met heel haar afvalligheid verschansend in de catacomben van de herfst.

Ik wilde het thans niet over de dood hebben, ik zweer het, want ik herdenk de meesten van mijn overledenen eigenlijk nauwelijks in november, maar des te meer in het voorjaar. In lentes van lang geleden heb ik mijn opa Bing, mijn vader en mijn moeder begraven, en in een recentere lente mijn oma Liesje. De enigen die het niet heeft behaagd in dat seizoen te sterven, zijn mijn oma Margriet, die het tijdens de zomer begaf, en mijn dwarse, weerbarstige opa Knor, die met zijn overlijden de herfst in gang schoot (vrijwel letterlijk, want een loeiharde scheet was zowat het laatste wat wij van hem mochten vernemen). Het is intussen ook al twee jaar geleden dat zíjn urne werd bijgezet in het graf waar Liesje al langer verblijf gevonden had.

Nu ik mij een kwarteeuw geleden metterwoon in het oosten van het land gevestigd heb en sinds enkele jaren te weinig levenden in West-Vlaanderen heb, kom ik er ook minder, al zeker niet op Allerheiligen of Allerzielen, die fancyfairs van de dood. Maar soms gebeurt het dat Totje en ik op de snelweg mijn jeugddorp Deerlijk voorbijzoeven, op weg naar feesten of reünies met nog behoorlijk levendige levenden. Zodra ik in mijn gezichtsveld de kerktoren van Sint-Columba ontwaar, ter hoogte van de afrit Deerlijk en dus ook van het kerkhof aldaar, zet ik uit de macht der gewoonte mijn autoraampje open en kweel ik, weer of geen weer en ongeacht het uur van de dag of de nacht, uit volle borst: 'Dag pappááá, dag mammááá, dag Knor, dag Liesje.' En dat is het dan. Zouden doden een scherp gehoor hebben? Hoe hard dien je te schreeuwen, wil je de geluidsmuur tussen de levenden en de overledenen doorbreken?

Ik zou het niet over de dood hebben, maar wie stuurde mijn goede voornemen in de war? Juist, de dood. Die hoefde zich zelfs niet uit de naad te werken om de clichés te laten respecteren. En dus nam hij – deels verveeld, deels uit lichtvaardige vernielzucht – mijn tante No, die daar toch maar mooi overbodig liep te zijn. Mijn arme tante No, die door mij sinds jaar en dag, schijnbaar oneerbiedig, 'de zotte tante' genoemd wordt, omdat zij het grootste deel van haar leven in de psychiatrie heeft gesleten, strijdend tegen het schorremorrie van de mannelijke kunne dat haar naar eigen zeggen behekste en bepotelde. Tante No met de – als we haar mochten geloven – oogverblindende bankrekening. No met de uitgestrekte oorlellen: er zat aan haar oren namelijk meer lel dan schelp en in één lel prijkte er bovendien een enorm gat, waardoor je de hele wereld kon zien – deze en bij wijze van toegift ook nog eens die van het hiernamaals.

Wie mij mortuaire boulimie verwijt, heeft natuurlijk een punt. Ik ben daar echt wel dol op, op begrafenissen en – vooruit – op het hele uitvaartwezen, op het Luchtvaartwezen van de dood. Want de ziel – zo hebben geile schooljuffen of -meesters ons ingezweept – de ziel stijgt tenslotte ten hemel. Als een heteluchtballon of een spoetnik of een blijmoedige fallus of als de Here Jezus zelve op Onze-Lieve-Heer-Hemelvaart –

maakt niets uit. Wel zou het aardig zijn als leven vallen en doodgaan opstijgen was. Dan had je het beste tenminste nog te goed.

Voorwaarde voor het mij dierbare funeraire variété is uiteraard dat het niet mijn intimi zijn die in de retirades van de vergetelheid doorgespoeld worden. En er hoeft ook niet per se, louter en alleen voor mijn gein, gestorven te worden. Het is al genoeg dat er geen dag voorbijgaat zonder dat ik ettelijke keren aan mijn aflijvigen en mijn eigen toekomstige aflijvigheid denken moet. Ik zal voor al dat gesterf alvast goed gerepeteerd hebben.

Het was een verdomd knusse begrafenis, die van tante No, maar het novemberde volop: geen straaltje zonlicht en veel unaniem grijs. November is de maand van de naamloosheid. Alleen de doden krijgen weer heel even een naam, voor alle zekerheid in steen gegrift. Wij waren met zijn zevenen. Of met zijn achten, als ik mijn tante even meereken. (Maar waarom iemand die tijdens haar leven nooit meegeteld heeft, plotseling wel meerekenen, louter en alleen vanwege de discutabele verdienste dat zij dood is? Mijn tante No was tot in haar naam een ontkenning van haar eigen bestaan. In haar leven was het bijna altijd november geweest.) Of nee, misschien waren wij wel met zijn negenen, als God, de notoire absenteïst, daar heel toevallig óók aanwezig was. Mijn nichtje Sharon, mijn zuster en ikzelf zaten geheel comme il faut, in decente droefenis en toch min of meer trots, op de eerste rij. Het lijk dat daar lag, was tenslotte van ons. (Niemand moest eraan denken het ons afhandig te maken.) De zielenherder zong bij elke noot opvallend een halve toon te laag, maar dit alles zeer consequent, waardoor het leek of het zo hoorde. Een bejaarde in een rolstoel rochelde geestdriftig van ergens achterin, vermoedelijk opdat er geen misverstand zou bestaan over het feit dat hij en niemand anders thans als eerste voor het koninkrijk Gods in aanmerking kwam. Vandaar ook dat hij later te communie geparalympict kwam alsof de heilige hostie een fel te bevechten gouden medaille was.

Met een simpele geste van zijn hand beduidde de begrafenisondernemer ons wanneer wij dienden te staan en wanneer wij weer mochten neerzijgen, wat mij haast evenzeer opluchtte als de constatering dat ik voldoende muntstukken op zak had voor de collecte. Een ver familielid ten slotte, dat ik nooit eerder had gezien maar spoedig zou mogen begroeten, hield het hele geslacht Gruwez, althans dat van de laatste twee eeuwen, als in een wurggreep onder de arm, zij het in stamboomvorm. En in haar kist lag tante No al die tijd onaangedaan te niksen, een occupatie waarin zij tijdens het grootste deel van haar leven ook al uitgeblonken had, zodat je je met recht kon afvragen waartoe die degressieve mutatie van lijf naar lijk in godsnaam diende. Zelfs tijdens haar eigen begrafenis bleek er immers geen glansrol voor haar weggelegd. Ze zou in haar pas verworven kist niet hysterisch gaan hinniken. Evenmin zou zij er het deksel van omhoog stoten teneinde koket haar hoofd op te richten en dat enorme gat in haar oorlel te laten bewonderen. (Het meest bewonderenswaardige aan mijn tante was immers wat er aan haar ontbrak.) En als nichtje Sharon geen onstuitbare huilbuien gekregen had, zomaar, plotseling, uit het niets, dan was alles volstrekt onopgemerkt voorbijgegaan. Dan hadden wij heel even gezucht en heel even gezegd dat het goed was en dan hadden wij, nog voor tante No's kist helemaal ter aarde was besteld, iets gedaan wat iedereen al ruim een halve eeuw met haar gedaan had: dan waren wij ermee begonnen haar voorgoed te vergeten.

Hoewel zij nog niet lang geleden tachtig was geworden, was het net of zij altijd tachtig geweest was: een kind van tachtig, een bejaarde van tachtig, een dode van tachtig. Eerder die week was zij omstreeks drie uur 's nachts gestorven in haar

Kortrijkse rusthuis, naar het schijnt vredig en in haar slaap, al vrees ik dat niemand daarbij haar hand heeft vastgehouden of haar wang heeft geaaid.

Er zijn zoveel mensen van wie je je niet kunt voorstellen dat je ze ooit zult missen. En áls je ze opeens mist, lijkt het wel of je ze altijd hebt gemist. Ik had er eerlijk gezegd nauwelijks bij stilgestaan dat ook een zotte tante sterfelijk is. Zo iemand wás je in zekere zin al kwijt. Wel vond ik het rechtvaardig, eindelijk eens rechtvaardig dat zij zonder veel gereutel en gestuiptrek overleden was, zij die de laatste jaren zo vaak en zo hardnekkig had beweerd de gelukkigste vrouw ter wereld te zijn dat zij zichzelf en misschien ook mij daarvan had kunnen overtuigen, als haar ogen intussen niet telkens weer vol tranen waren geschoten. Want tenslotte was zij alleen maar 'de gelukkigste vrouw ter wereld', zoals sommigen van haar psychiatrische collega's Napoleon waren, of Cleopatra of koningin van Engeland.

Nadat wij tante No tot op een zedige afstand van haar pas gedolven graf hadden mogen begeleiden, kreeg ik het koperen kruis van boven op haar kist mee naar huis. Ik zou het later die dag een plaats geven in mijn tuin, op de tombe van mijn dwergkonijn Garbo. Jezus van Nazareth hing er dan nog wel aan, maar het zou daar keurig staan, vond ik, in concordantie met het voederbakje van mijn vroegere speelkameraad.

Nu was het eerst zaak in het rustoord de kamer van de overledene op kostbaarheden te fouilleren en vervolgens professioneel te plunderen. Opvallend waren de talrijke aanstekers. Ik telde er tien. Zij lagen keurig verspreid, op strategische plaatsen, als munitie. Op de vensterbank, in de vreemd genoeg enige asbak, lag het resumé van heel dat miserabele leven: één enkel peukje, het laatste, opgerookt tot aan de filter. Volgens de huisregel hadden de inwoners van het rustoord maar recht op enkele sigaretten per dag. Bij elk bezoek had ik evenwel voor een substantiële bevoorrading gezorgd. In de uren na mijn vertrek werd tante No daardoor, volgens een verpleegster, haast onvindbaar in haar eigen kamer, zozeer zat ze verborgen achter haar rookgordijnen. Op het laatst zag men zich verplicht de echte gordijnen uit haar kamer te verwijderen, om te voorkomen dat zij die in de fik zou zetten. Ze moest, zei ze, zoveel mogelijk roken; hoe meer, hoe beter: bevel van de dokter. En dus was dit het enige wat zij nog deed, roken. Ze rookte om zichzelf te bewieroken en te doordringen met de geur van de eeuwigheid. Ze rookte om onsterfelijk te worden. Ze rookte om zelf niet in rook op te gaan. Maar ze rookte zich dood.

December

December biedt de gedroomde accommodatie voor wie zich wil wentelen in het besef volstrekt waardeloos en nutteloos te zijn. Het is de maand waarin men minstens driekwart van de dag bezig is met achterhalen of men wel voldoende lief wordt gehad, alsook waar, wanneer en door wie. December stimuleert, wanneer het rijk der duisternis zijn gloriedagen beleeft, de gevoelens van onbeduidendheid zozeer dat mensen gewillig capituleren voor de commercie die hen ertoe aanzet elkaars verprutste ego's middels idiote geschenken op te waarderen.

Er is in december bijna nooit goed nieuws. Dus dient er met behulp van kalkoenen, boterletters, engelenhaar en kerstballen per se te worden bewezen dat het bestaan nog lang niet in de uitverkoop is. Het kan niet anders of daar is een veelvoud aan leugens en feesten voor nodig. Maar echt goed nieuws? Nee hoor! Goed nieuws is er enkel voor doorgewinterde cynici die verkondigen dat wat zij altijd al hadden gedacht, ook klopt – dat niets meer naar de kloten kan gaan, doordat alles daar godzijdank reeds is. Men wordt geboren en men heeft het beste al gehad. Zelfs het kindeke Jezus in zijn kribbe: pas gebaard en al van top tot teen geëquipeerd voor de fatale nederlaag.

Puik nieuws is verder nog dat er, ook wat het van de sint verworven speelgoed betreft, niets meer stuk kan, doordat alles vanaf het eerste kwartier al zo verknoeid en verneukt is, dat je er niet eens je sociaal minst bedeelde klasgenoot mee overtroeven kunt. En het is, echt waar, alsof ook de natuur alleen nog over voorgoed verwoest speelgoed beschikt, alsof zij gebombardeerd is en er niets meer van overblijft dan een soort Dresden, Hiroshima, of Sarajevo, in jaartallen als gigan-teske littekens op de huid van de geschiedenis. Alsof zij uit skeletten bestaat, van mensen of van bomen: doet er niet toe. Alsof het overal winter is en er nooit iets anders heeft bestaan of zal bestaan. Alsof alles oud is. En inderdaad, alles is oud.

December schreeuwt om kitsch en is het roerend eens met Friedensreich Hundertwasser: 'The absence of kitsch makes our life unbearable.' Sneeuw is het zuiverste, maar tegelijk het kitscherigste wat de natuur in haar offerte heeft. Dus smeekt eenieder die aan december ontsnappen wil: geef ons sneeuw, geef ons alstublieft dat plaatsvervangende licht uit een hemel die zelf aan zijn laatste echte licht toe is. (Toen ik nog een kind was, zei mijn oma telkens als het sneeuwde: 'Onze-Lieve-Heer is weer zijn geld aan het tellen, en hij laat er daar af en toe wat van vallen.' En vaak liet zij daarop volgen: 'Nu begrijpt ge misschien waarom de *zwartjes* in Afrika niet alleen zwart zijn, maar ook arm, want in Afrika, daar sneeuwt het natuurlijk nooit.')

Maar ter zake. Gij Here God daar, Gij daar in den hoge, Gij die in principe nogal gaarne uw geld telt boven onze stre-ken, laat alles ondersneeuwen, 'Erbarme dich, Mein Gott', dek alles met de universele bedsprei toe, zodat niemand nog merkt wat hij kwijt is, zodat niemand zich nog herinnert wat en vooral wie hij mist. Want zo rond het eind van het jaar, op de ogenblikken dat iedereen bij elkaar pleegt te zitten, ziet men veel beter wie er ontbreekt dan wie er is. En eigenlijk komen alle vragen dan alleen nog hierop neer: is december de optel- dan wel de aftreksom van alle voorafgaande maanden?

Was het overigens een goed jaar? Het was het eerste van honderd en van duizend jaren. Het was een jaar van chaos, van bof en pech, van catastrofes en triomfen, van reizen en schrijven tegen de tijd. Het begon in het Ardense Baillamont, hartje januari nog, zes dagen staalblauwe luchten en diepe vorst. Wij – Totje, W. en ik – logeerden er in een landhuis, pal naast het kerkhof. Tijdens lange wandelingen verbroederden wij met de faunen van het woud, die de gedaantes van grillige ijspegels hadden aangenomen. Langs Lesse en Semois zagen wij – alsof de Ardennen louter uit calvariebergen bestaan – opvallend veel grote houten kruisen met stervende verlossers, wie ik telkens weer een jolig 'Merde!' toewierp. De streek wekte de indruk dat alles er gerookt was, dat alles geconserveerd moest worden: de lucht, het vlees, de mensen, de balken in de zolderingen en ook dat nog prille 2001. In Corbion kwamen wij voorbij een kapperszaak, die blijkens de winkelruit heel toepasselijk 'Diminutif' heette. Wij savoureerden de namen van de plaatsen en de dorpen: Le Pic du Diable, Le Tombeau du Géant, Mon Idée, Vresse, Rochehaut en Frahan. Wij degusteerden de streekbieren: La Médiévale, Tentation de la Semois, Cuvée de Bouillon. Terwijl het radiojournaal melding maakte van de moord op Laurent-Désiré Kabila, aten wij in een restaurant in Poupehan het allerlaatste wild van het seizoen, waarna het zonder noemenswaardige overgang lente werd en de lucht weer tintelde van hoop en van het vrolijk bedrog van het voorjaar.

2001 was het jaar waarin ik, zelf voor het eerst in meer dan dertig jaar rookvrij, vier meeslepende aprilnachten doorbracht in de rokerige fadokroegen van Lissabon, in het gezelschap van Totje, van Zanne en van Paul, de muzikale vriend die met hetzelfde naturel als de plaatselijken aan de saudade was, als anderen aan de fles. Wij hoorden Antonio Rocha in een vrijage met de Portugese taal zijn fado zingen over die wellust van de weemoed. 'Deixa-me ser a luz do teu caminho' (Laat mij het licht zijn op jouw pad). Het was één uur in de nacht in Bairro Alto en 's anderendaags, tegen de middag, op de markt van Alfama, waar P. en ik samen veertig paar sokken kochten ('voor als het nog eens oorlog wordt'), zouden wij een verkoopstertje zien, misschien tien of elf jaar oud, in een rode trui waarop een teddy stond afgebeeld. In haar ogen – om met Du Perron te spreken – 'reeds die donkre blik van vreemd wantrouwen' en – ook daar kon je niet naast kijken – alle saudade van heel Lissabon. Het was, niettemin of net daarom, een goede plek, en het was een goede tijd.

Maar tegen de ochtend van de volgende dag droomde ik dat T., Z., P. en ik helemaal niet in Lissabon waren, maar ergens in Afghanistan. Bovendien was ons verblijf aldaar niet toevallig. Wij maakten deel uit van een officiële delegatie, die moest toezien op de correcte naleving van een nieuw ceremonieel: het zou mensen, wanneer een van hun dierbaren kwam te overlijden, voortaan ten stelligste verboden zijn nog langer wit als rouwkleur te dragen, zoals bijvoorbeeld in India, of zwart zoals bij ons. Nee, alle rouwen moest vanaf nu in het roze, en de vrouwen in een roze boerka. Overtreders dienden zonder pardon standrechtelijk geëxecuteerd te worden, waarna er natuurlijk opnieuw uitgebreid gerouwd moest worden en zich weer de situatie voordeed waarin al wie dat niet in het roze deed, zonder aanzien des persoons omgebracht moest worden. Ten langen leste zag heel Afghanistan tot in de kleinste negorij roze van het rouwen.

De droom was vreemd, omdat de Taliban in die maand de boeddhabeelden van Bamiyam nog niet hadden vernield, laat staan dat Bin Laden en de aanslag op de Twin Towers al aan de orde waren. Ook het woord 'boerka' was mij, geloof ik, nog onbekend. Maar – acceptabel of niet – ik hield van dat rare, antieke stuk textiel met het fameuze tralieraampje ter hoogte van het gezicht. Onder zo'n kledingstuk kon alleen maar een angelieke verschijning verborgen zitten. Ging lelijkheid vrijwel nooit met mysterie gepaard, schoonheid deed dat des te meer. Ik droomde van een land vol roze rouwende vrouwen in wapperende boerka's.

2001 was het jaar waarin wij in de Cevennen, ten huize van M. en K., en voorts in het gezelschap van H. en A., hoog boven het dal, tijdens de avond van Maria-Hemelvaart, door ons Maria-Spoetnik genaamd, liederen aanhieven ter ere of ter schoffering van de Maagd, liederen die wij vervolgens blijmoedig vermassacreerden tot allerlei schunnigheden en vunzigheden. Het hogere, vonden wij, mocht pas scoren bij de gratie van het lagere. Het hogere hoorde gewoonweg bij het lagere, net zoals het stralende verhevene bij het duistere verzwegene hoorde, of het dal bij de heuveltop. De hele avond hadden wij maling aan de toekomst van de wereld die beneden ons lag, en er bestond geen andere actualiteit dan die van de wijn in ons glas.

Ook dit was een goede plek en het was een goede tijd. Maar die nacht, opnieuw in een droom, werd ik met een heel ander tafereel geconfronteerd. In Zuidwest-Vlaanderen waren vele miljoenen mensen tewerkgesteld in wat Welfare Valley werd genoemd. Dag en nacht sloofden zij zich perfect gedrild uit voor de afschaffing van dag en nacht, van einde en begin. Zij waren met andere woorden, min of meer bezig met de fabricage van de eeuwigheid. Uit de vloeren van de diverse bedrijfseenheden steeg passende muziek op, die enkel af en toe werd onderbroken voor stichtelijke uitspraken. Een ervan was afkomstig van Fernando Pessoa: 'Ik heb alle voorwaarden om gelukkig te zijn, behalve het geluk.' De eeuwigheid was zo goed als klaar. Het kwam er nu op aan als het ware in één moeite door ook het eeuwige geluk uit te vinden en dit vervolgens op grote schaal te reproduceren.

's Ochtends schoot ik wakker. Het was zaterdag. Zaterdag, waterdag. Dus ging ik mij uitgebreid wassen in de openlucht, in een stenen bassin achter het huis. Ik keek uit over het dal. Alle nevelachtigheid die zich de avond voordien nog in mijn hoofd had bevonden, had zich inmiddels daarbeneden neergevlijd. Het landschap kreeg er iets vredevols door en het verwierf een zekere tover. Datgene wat wij mystiek plachten te noemen – natuurlijk was het enkel en alleen chemie of fysica of biologie, maar misschien konden wij het toch maar beter mystiek blijven noemen. Augustus neigde nog niet naar zijn eind en ik zag al volop herfst. En in de verte doemde al de dwaze duisternis van dat dwaze december op. Ik zag alles minder worden. Straks zouden Totje en ik nog verder zuidwaarts trekken, naar de flanken van het Lubéronmassief in de Provence, waar de zomer niet zo'n vaart had en van lanterfanten, slenteren en sluimeren hield. Ik telde de dagen dat het jaar nog de moeite waard zou zijn. Veel waren het er niet meer. Het was nu echt wel de hoogste tijd voor de eeuwigheid.

Een stenen moeder

Dus zwerft men van huis tot huis en is anders
eenzaam, op zoek naar een stenen moeder,
en leeft men tussen de muren samen
met het licht door het venster, de nacht aan het raam.

Hans Andreus

Beverenstraat 21, anno 1956

Ik was drie. Mijn moeder moest per se ergens een kind gaan kopen en dus, zo probeerde men mij te sussen, kon het wel even duren voor zij zou terugkomen. Zij stond bekend om haar delicate schoonheid en om haar fragiele zenuwen. Daarom werd ik, net zo'n zenuwlijder als zij, alvast preventief geaborteerd uit haar omgeving. In een zijstraat van de straat waar wij woonden, lag het huis van mijn grootouders, voor mij eigenlijk vooral dat van Liesje, mijn grootmoeder. Daar werd ik ondergebracht. Intussen vroeg ik mij af waar in godsnaam die winkel toch wel liggen mocht, die winkel waar zomaar kinderen te koop waren en waar ik – godbetert – ooit zelf was gekocht, tenzij dat misschien toch ergens elders was.

Mijn moeder bleef maar weg. Ik dacht aldoor dat ik haar nooit meer zou terugzien, tot zij ten slotte toch met een meisje thuiskwam dat stomtoevallig mijn zusje en haar dochter bleek te zijn. Ik vroeg mij af wie van ons beiden nu het duurst was geweest. Ik dacht: mijn zusje. Want naar haar ging nu alle aandacht. Ik was er bijna zeker van dat ik nauwelijks iets waard was, dat mijn moeder voor mijn zusje veel meer had betaald dan voor mij.

Ook als baby had ik al geruime tijd bij oma Liesje verbleven. Toen had zij zich over mij ontfermd omdat mijn moeder (haar dochter) in de Kortrijkse Sint-Sebastiaanlaan 2a in één moeite door en zonder veel onderscheid mijn geboorte en de geelzucht te boven had proberen te komen, zulks maandenlang.

Op foto's uit de tijd die hierop volgde, kan ik vandaag niet anders dan dit vaststellen: door die onnozele geboorte van me (en, toegegeven, ook door die van mijn zus) begon mijn moeder – eerst nog nauwelijks merkbaar – haar feeërieke, bovenmenselijke schoonheid te verliezen. Louter en alleen door geboren te worden was ik de moordenaar van het meisje in mijn moeder geworden en vervolgens had ik dat postume meisje in giftig geel geverfd, waarna ik haar geleidelijk aan had opgeblazen tot een weldoorvoede matrone. Mijn bestaan – zoveel was zeker – betekende de genadeslag voor haar prinsessenschap.

Dat huis in de Sint-Sebastiaanlaan in Kortrijk, mijn eerste huis dus, of beter, mijn nulde huis (want het enige waaraan ik geen enkele herinnering zou bewaren), beschouw ik tot op de huidige dag als het grote niemandsland, het enorme depot met al het materiaal dat een mens nodig heeft voor de realisatie van zowel zijn *waste land* als zijn *utopia*. Tijdens de bijna twee jaar dat ik er als kleine etter mijn domicilie had, verbleef ik evenwel het vaakst acht kilometer verder, in Deerlijk, meer bepaald in de Beverenstraat 21, bij Liesje. Bij haar begon het leven dat ik mij herinner.

Kan een plek een mens echt blij maken of beeldt hij zich dat maar in? Of is dat de enige blijdschap die er bestaat: de ingebeelde? Als er tot ver buiten mijn kindertijd één oord geweest is dat ik met geluk heb geassocieerd, dan is het wel dat van de Beverenstraat in de jaren vijftig. Ik was een angstig kind en had, altijd bang voor de nacht, aanvallen van paniek bij het geringste gerucht dat mij verdacht in de oren klonk. En alles klonk mij verdacht in de oren, niet het minst de stilte. De stilte van de jaren vijftig was een geluid dat men na de Tweede Wereldoorlog voor het eerst weer uit vrije wil maakte. Het was al het onhoorbare, al het vermoedelijke van een ondergesneeuwde straat in de vroege ochtend, net voor het eerste kindergejoel opklinken zou. Het was de wonderlijke, maar ook enigszins bedreigende wereld van het verzwegene. Desondanks heb ik nadien nooit meer ergens gewoond waar ik zozeer het gevoel had dat het daar en nergens elders was dat ik wezen moest en dat je een oetlul moest zijn om er ooit weg te gaan.

Het was een nogal saai half vrijstaand bouwsel met veel jarendertigdeftigheid en dito moderniteit. (Ik heb later nogal vaak een voorkeur voor half vrijstaande woningen gehad, alsof die perfect mijn houding moesten illustreren tegenover mijn directe entourage, waarmee ik enerzijds verbonden wenste te zijn en waarvan ik anderzijds toch los wilde staan.) De talrijke bekenden van mijn grootouders plachten het huis via de achterdeur te betreden. Daardoor belandden zij pardoes in de keuken, voor mij het sanctuarium met een indrukwekkend Amerikaans fornuis als hoogaltaar. Van alle gelukzalige plekken in het huis was dit de plek die ik nog het meest met gelukzaligheid associeerde. Het was het domein van de volmaakte moederlijkheid, tevens de plaats waar ik dankzij Liesjes amourettes met leverpasteien, krentenbroden, mergpijpen en kaassoufflés zelf van culinaire obsessies en allerhande vraatzuchtigheden doordrongen raakte, waardoor ik mijn orale fase ad infinitum zou continueren.

Op de begane grond stond er, halverwege de jaren vijftig, nog een muur tussen eetkamer en salon. Omstreeks mijn vierde of mijn vijfde zou die door mijn vader en mijn oom gesloopt worden ten gunste van een riantere leefruimte die het onderscheid tussen de zon- en de weekdag, tussen plicht en plezier volkomen uitwiste. Rond die tijd kwam er een televisie in huis, een van de eerste in Deerlijk. Vreemd genoeg drong de wereld van buiten mijn onmiddellijke omgeving zich via dit kijkkastje bij mij naar binnen terwijl ik er zelf geen toegang toe had. Ongetwijfeld zat ik voor het scherm op de dag dat de actrice Grace Kelly met prins Rainier van Monaco trouwde. Elke bemiddelde West-Vlaming kon via een zendmast in het nabije Rijsel het huwelijksbacchanaal op de Franse televisie gadeslaan. Maar een visuele herinnering heb ik daar eigenaardig genoeg niet (meer) aan. Wel hoor ik, nu nog, bij herhaling die ene naam, Grace Kelly, als de toverclausule voor de ontsluiting van de absolute vrouwelijke schoonheid. Die naam, zovele keren en met zoveel ovaties in de stem door elk van mijn naasten uitgesproken, die naam volstond. Daarbij naderhand beeld te moeten ontberen, voedde alleen maar het flamboyante fantasme. Dat werd overigens uitentreuren versterkt toen mijn oma mij jaren later vertelde wat mensen in Deerlijk ooit over mijn moeder hadden beweerd: dat zij als twee druppels water op Grace Kelly leek. Wat hadden zij daar in godsnaam mee bedoeld? Dat zij eens de evenknie was geweest van – min of meer – de mooiste vrouw ter wereld? Of vooral dit: dat daar door haar moederschap inmiddels een smartelijk eind aan gekomen was? Dat zij nu eenmaal een ellendig draakje had gebaard – om precies te zijn: ondergetekende – en dat die beetje bij beetje haar schoonheid opknabbelde als ging het hem om 'babbelutten' (babbelaars) of ulevellen uit Lienekes snoepwinkel.

Pépé Jules, Jules Julien om precies te zijn, Juju, mijn fanatiek in nukkigheid grossierende overgrootvader, die bij mijn grootouders inwoonde en die het geringste gelach als lawaaihinder of als een persoonlijke krenking beschouwde, had soms moeite om een glimlach te onderdrukken wanneer mijn moeder in zijn buurt was (ook al begon zij aan schoonheid in te boeten). Meer nog: hij leek dan zowaar te stralen. En dit ondanks zijn eeuwige gemor, die premature rigor mortis, en het feit dat hij er elk uur van de dag aan herinnerd werd dat een etage hoger een wezen huisde, kennelijk zijn echtgenote, dat almaar riep dat zij plassen of kakken moest en dat zij honger had of dorst of pijn. Zij was ten zeerste het tegenbeeld van Grace Kelly en zou weldra, zegge en schrijve anno 1957, in de camaraderie van Oliver Hardy en Humphrey Bogart, maar helaas zonder oscar, de kraaienmars blazen. Ik herinner mij niet haar ooit gezien te hebben, mijn overgrootmoeke, maar des te meer heb ik haar gehoord. Zij zat vol kalk. Zo simpel was de ziekte van Alzheimer toen nog. Gewoon een kwestie van 'kalk'.

Alles had in die tijd overigens nog een andere naam: 'Be-Bop-a-Lula' van Gene Vincent en 'Rock Around the Clock' van Bill Haley, namen en titels die mij in '56 en '57 hoogstens onbewust bekend waren, werden te onzent zeer misprijzend 'van dienen raren, nieuwen dzjasmuziek' genoemd. Het was precies alsof de mensen nog niet alle woorden veroverd hadden, of dat de taal nog niet lang genoeg bestond. Ik was zelf desperaat op zoek naar woorden. Erbij horen betekende niet: oud genoeg zijn. Wel: al genoeg woorden hebben. Volwassenheid (ook die welke ik later tussen de benen zou situeren) was louter en alleen een kwestie van woorden. De Nederlandse woordenschat was het enige geslachtsorgaan van de Lage Landen dat er werkelijk toe deed.

Volwassenheid had ook met de dood te maken. In 1956 stierf, op zesendertigjarige leeftijd, een jaar nadat hij wereldkampioen geworden was, de eerste wielrenner over wie ik ooit had horen praten, Stanneke Ockers. Maar dat was een ver soort sterven. Dichterbij, in de Beverenstraat 21, kwam er op 7 december 1957 een eind aan het lawaai op de eerste etage. Maria Celina Verschaete, mijn inmiddels compleet verkalkte overgrootmoe, deed er definitief het zwijgen toe. Ik woonde toen al opnieuw bij mijn ouders, een straat verder, maar ik weet nog hoe in de Beverenstraat de salon tot rouwkapel werd omgetoverd. En ik herinner mij pépé Juju nog. Hoe hij, althans in gezelschap, helemaal niet liet merken dat hij ooit met Maria Celina getrouwd was geweest, maar hoe hij zich nu wel verschillende uren per dag terugtrok bij zijn overleden vrouw. Eén keer in die dagen tilde mijn moeder mij op haar arm en ze nam mij mee naar de intussen dichtgespijkerde kist met het lijk van overgrootmoe. Wij bleven in de deur staan. Pépé Juju, in een stoel voor de kist, draaide zich om. Ik wist niet of het naar mij was dat hij glimlachte, of naar mijn moeder. Er werd voor het eerst iets als een kleuterwijsheid over mij vaardig: dat huizen, net als mensen, vroeg of laat verlaten werden. En dat er niets kon geschapen, gemaakt of geboren worden wat niet bestemd was voor de sloop.

Route de Dochamps 1, anno 1960

Er hangt in mijn werkkamer een uitspraak van Jacques Brel: 'La difficulté pour aller de Vilvorde à Hong Kong, ce n'est pas d'aller à Hong Kong, c'est de quitter Vilvorde.' Alles in mijn leven heeft vanouds met afscheid te maken en met mijn ijver om daar, als dit dan toch onafwendbaar is, zoveel mogelijk zorg aan te besteden. Een van mijn eerste herinneringen. Mijn ouders verlaten Deerlijk en gaan op reis naar het Zwarte Woud. Ik mag niet mee. Jonge ouders moeten in alle rust met elkaar kunnen paren. Daarvoor dient hun vakantie: zij willen nog één keer kinderloos zijn. In elk geval gaan zij voor heel lang van me weg, vind ik. Voor kinderen bestaan er nu eenmaal geen seconden, minuten, uren of dagen, alleen maar eeuwen en oneindigheden, alles wat in strijd is met de door hen zozeer begeerde onmiddellijkheid. Ik kan op die leeftijd dan ook nog niet het minste onderscheid maken in dat gevarieerde assortiment van alle denkbare soorten afscheid. Afscheid voor even of afscheid voor eeuwig – het is lood om oud ijzer. Alles is redelijk voorgoed, elk moment opnieuw.

Toch bevalt het mij al snel te mogen achterblijven, aangedrukt tegen de boezem van oma Liesje. Vragen stel ik haar, en nog eens vragen, tot zij mij de mond snoert en niets meer zeggen wil. Ja: 'Curieuzeneuze met vlasstaartjes', dat is het enige wat zij zegt. Maar ook dat is een antwoord, en wel een dat zij met zoveel overtuiging uitspreekt dat ik het mij nu nog herinner. Dit volstrekt nonsensicale en mistige weerwoord vereist geen toelichting. Het is in die jaren niet belangrijk wát men antwoordt, maar des te meer dát men antwoordt. En vooral: er is dan nog tijd voor altijd. (Dit is nu het verschil met mijn huidige bestaan, zovele decenniën later: de mensen vertikken het te antwoorden. Antwoorden zijn volkomen uit de mode. Niemand zegt nog: 'Curieuzeneuze met vlasstaartjes.' Er is geen tijd meer voor altijd, er is nog enkel tijd voor nu.)

Later mag ik zelf mee op reis. Naar het zich laat aanzien beginnen mijn ouders al jammerlijk hun echtelijke plichten te verzaken. Eerst mag ik met ze mee naar zee en daarna, vanaf mijn vijfde of mijn zesde, telkens in de maand augustus, naar hetzelfde Ardense hotel, dat Au Vieux Moulin heet en aan de route de Dochamps in Amonines gelegen is. In dat dorp bevinden zich anno 1960 twee etablissementen waar men een verzorgde Orval drinken kan: het hotel zelf en het in de onmiddellijke nabijheid gelegen café, dat gerund wordt door een madam met een vuurrood torenkapsel, de zeer en vogue zijnde Coupe Grande Merde, het betere keutelwerk dus. Zij is zelf kinderloos gebleven en geilt manifest op alle jongens die aan haar baarmoeder ontsproten hadden kunnen zijn als zij daartoe tenminste een geschikte bevruchter had weten te treffen. Ik ben verzot op dat mens, kleef aan haar schort als een soepvlek. Zij noemt mij 'mon petit garçon', wat ik vreemd vind, omdat 'garçon' in het Vlaams 'ober' betekent. Meent mijn rosse madam, madammetje Keutelmans, dat er voor mij een toekomst in haar café is weggelegd? Wil rosse madam later, als zij niet meer ros is maar grijs of misschien wel kaal, alsnog met mij trouwen? Dan zal zij pech hebben, zeker weten, want tot mijn zevende houd ik mezelf wat dit betreft maar één soort toekomst voor: die van een huwelijk met mijn zuster. Ik vind het onuitspreekbaar dom dat niemand met zijn zus getrouwd is. Al wie buiten de familie in de echt treedt, al wie het niet met zijn moeder, zijn zuster, zijn nichtje of desnoods met zijn grootmoeder of een oudtante aanlegt, moet wel op zijn kop gevallen zijn. De familie, daar gaat het om. De familie, die is tenminste betrouwbaar.

Mijn moeder is een beroerde fotografe. Zo indrukwekkend weinig begaafd is zij dat men haar van de weeromstuit begenadigd zou kunnen noemen. Altijd ontbreekt er op foto's die zij van de leden van haar gezin maakt, wel iets. Zijn het de voeten niet, dan is het een deel van het hoofd. Mijn moeder molesteert en onteert fotograferenderwijs de mensen, voor wier welzijn zij in het dagelijkse leven toch voortdurend ijvert. Er bestaat één foto die zij van mijn vader, mijn zus en mij genomen heeft, met op de achtergrond het hotel in Amonines, en die volgens de directieven waaraan zij gehoorzaamt niet anders dan mislukt kan worden genoemd: nagenoeg alles staat er namelijk op, niemand van ons maakt een aangerande indruk, alleen ontbreekt het mij aan een rechterarm, maar een kniesoor die hierover valt. De foto is zo oud dat hij nog een gekartelde rand heeft. Ik denk dat het woord 'lichtdrukmaal' op dat moment (vermoedelijk augustus 1960) nog steeds niet belachelijk klinkt.

Augustus 1960, en zeker 14 augustus, is een goede tijd, want op de televisie in het café van madam Keutelmans zien wij hoe Rik van Looy, mijn pedalerende afgod, in het Oost-

Duitse Hohenstein-Ernstthal wereldkampioen wordt voor de Franse spurtersvorst André Darrigade en de Italiaanse Belg Pino Cerami. En op het nobele feest van Maria-Hemelvaart de dag daarna, vang ik, geflankeerd door die fanatiek hengelende pa van me, in de Aisne, het riviertje dat de hoteltuin begrenst, in nauwelijks één kwartier drie forse forellen. Exemplaren voor het podium zijn het, drie echte toppers. Wij noemen hen Van Looy, Darrigade en Cerami, en ik voel mij een poosje zelf wereldkampioen en hemelvaarder. Wij schrijven al 1960 en ik heb, met uitzondering van mijn geboorte, nog geen enkele nederlaag geleden.

De wereld van de politiek dringt hoegenaamd niet tot ons gezin door. Dat ons hoogsteigen Belgisch Kongo al op 30 juni 1960 onafhankelijk geworden is, zal mij pas in '61 duidelijk worden, bij de moord op Patrice Lumumba. En dan nog hoofdzakelijk doordat Jeroom, onze *beenhouwer*, omstreeks die tijd een fijne vleesworst aan de man brengt die hij naar de Congolese leider heeft genoemd. Geregeld moet ik van mijn moeder 'tweehonderd gram Lumumba in schellekes' bij hem halen. Het verwondert mij dat één enkel stoffelijk overschot gedurende jaren in staat zal blijken het kannibalisme van de gehele Deerlijkse bevolking te bevredigen. Ik heb in onze krant inmiddels toch weleens een foto van de rebellenleider gezien. Geen vette kluif! Paus Johannes XXIII, dát lijkt mij wel wat. Maar de al serieus bejaarde Venetiaanse dikzak, die in '63 – immens bemind – zal overlijden, is blijkbaar niet voor consumptie geschikt. Toch reken ik het *beenhouwer* Jeroom als een commercieel manco aan dat ik me bij hem nooit ofte nimmer 'tweehonderd gram Johannes XXIII in schellekes' zal kunnen aanschaffen.

Er gaat, anno 1960, nog maar weinig dreiging uit van de wereld waarin ik leef. Tenminste, wanneer ik bij mijn vader ben.

Dan valt er niets te vrezen behalve hem. Vanuit het hotel in Amonines gaan hij en ik in de vroege ochtend het wild bij de drinkplaatsen in het bos bespieden. Dan moet ik heel, heel stil zijn. Soms zien wij een ree of een hert. Vaker denk ik dat ik er een zie, wat eigenlijk ook al tot tevredenheid stemt. Niettemin komt het grote verdriet eraan tijdens een zomerse middag in de hoteltuin. Wij – mijn moeder, mijn zus en een bevriend paar – zitten daar te niksen, te wachten eigenlijk op mijn vader, die ergens naartoe is en maar niet terugkomt. Uren gaan voorbij. Er moet hem iets overkomen zijn. Erger nog, ik weet dat hij dood is, met de onwankelbare zekerheid die je alleen kunt hebben met betrekking tot ongeluk en nooit met betrekking tot geluk. Ik laat mijn gedachten over mijn toekomst gaan, die nu zonder hem zal moeten verlopen. Daarbij verschijnt geregeld het beeld van mijn moeder op een vroege winterochtend in onze Deerlijkse keuken. Voor tijdens de speeltijd op school is zij daar mijn boterhammen aan het beleggen met 'schellekes Lumumba'. Ik sla mijn armen stevig om haar middel en druk mijn wang hard tegen haar rug aan. Wij zijn alleen. Ook mijn zusje is blijkbaar dood; ik zal niet met haar kunnen trouwen.

Uiteindelijk barst ik in wild gesnik uit. De man van het bevriende stel kan het warempel niet meer aanzien en wil op zoek gaan naar mijn vader. Dat blijkt overbodig. Hij komt er, geheel onbewogen, plotseling vanzelf aan. Blijkbaar heeft hij zich enige Orvals bij madammetje Keutelmans gegund, maar dronken of zelfs maar enigszins beschonken is hij niet. Er is white spirit of methylalcohol nodig om zo'n kolos te verdoven.

Ik wil onder geen beding dat hij te weten komt hoe ongerust ik al die tijd geweest ben. Maar uiteraard wordt het hem verteld. Wat híj als een akte van liefde opvat, is voor mij een bewijs van mijn onbeduidendheid. Ik ben volstrekt belachelijk, ik heb er blijk van gegeven over gevoelens te beschikken.

En vooral, ik heb gerouwd zonder lijk. Al heeft het mij bedrogen, nog diezelfde dag besluit ik mijn verdriet te verbergen als een kostbare schat. Ik delf een put op de mooiste en geheimste plek in mijn hoofd, stop het erin en wil maar één ding: dat niemand het ooit nog te zien krijgt.

Pottelberg 5, anno 1966

Ik dank de leraar aardrijkskunde van het tweede jaar klassieke humaniora voor het feit dat hij mijn examencijfers verkeerd heeft opgeteld, waardoor het hem jammerlijk ontgaan is dat hij eigenlijk een herexamen van me had moeten afnemen. Ik ben nooit goed geweest in aardrijkskunde, om de simpele reden dat ik nooit geweten heb waar ik mij bevond. Zo'n afwezig jongetje was ik. Nog steeds kan ik nauwelijks kaart lezen. Altijd is er voor mij maar één weg geweest die telt. Die naar huis. En dat was het nu juist. Doordat ik vanaf september 1965 door mijn ouders tot de kostschool veroordeeld werd, was de weg naar huis voor mij onherroepelijk afgesloten.

Aanvankelijk betekende intern-zijn voor mij dat ik uitgedreven was uit wat ik als het enige onvervalste walhalla beschouwde: dat van de moederschoot. Buitenbaarmoederlijke paradijzen bestonden eenvoudigweg niet. Ik rekende het mijn ouders zeker niet als een daad van liefde aan dat ik werd geïnterneerd in een instelling, ook al ging het er daar objectief gesproken niet beroerder aan toe dan thuis, waar ik immers ook opgesloten zat in de isoleercel van al mijn angsten: gesidder voor de weliswaar niet talrijke, maar toch gedenkwaardige driftbuien van mijn vader, vrees voor het slechte schoolrapport, onthutsing bij het besef dat al mijn dierbaren ook sterfelijk waren, ongerustheid over elke mogelijke malaise in het huwelijk van mijn ouders, ijzingwekkende alteratie bij de gedachte dat ik de deadline niet zou halen die mijn vader mij, wat het uur van thuiskomst betreft, steeds placht op te leggen. (Dat ik lange tijd geloofd heb, en dat in zekere zin nog doe, dat je liefde pas verdienen kunt door keurig op tijd te zijn, overal en altijd op tijd, moet hier zijn oorsprong hebben gevonden.)

Het jaar 1966 kwam eraan en er begon, in België weliswaar met de volkseigen slakkengang, iets op te laaien wat de schijn van een subversieve vrijheidsdrang wekte. Ferre Grignard zong 'Ring, Ring, I've Got to Sing', van over de oceaan kwam uit de kelen van Ike en Tina Turner 'River Deep, Mountain High' aanwaaien en Simon and Garfunkel gaven zo'n ruchtbaarheid aan 'The Sound of Silence' dat die overal ter wereld geneuried werd. Rudi Altig, in mijn ogen de enige Germaan die zich – toch al ruim na de Tweede Wereldoorlog – niet op rupsbanden voortbewoog, zou op zijn eigen Nürburgring wereldkampioen wielrennen worden. En onze sociaal meest bewogen picpuspater, pater X., door sommigen onder ons, vanwege zijn merites bij het vrouwvolk 'de pikpater' genoemd, droeg ons op te bidden voor de droeve memorie van Jan Latos en Valeer Sclep, de twee kompels die in Limburg tijdens onlusten naar aanleiding van de sluiting der mijnen omgekomen of door gendarmes vermoord waren – dit alles zeer afhankelijk van de invalshoek.

Het was nog in de tijd dat jongens als eersten meisjes 'aanraakten' en dat dit enkel bij hoge uitzondering andersom gebeurde. Het was de tijd dat ik in al mijn schuchterheid vergeefs wachtte op hoge uitzonderingen. De eerste die mij uiteindelijk 'aanraakte', was godbetert een jongen, een dikkerd die wij vanwege zijn bedroevende loopvermogen en zijn van de weeromstuit imponerende omvang tot goalie van ons voetbalteam hadden gebombardeerd. Hij heette Sander. De plaats was de slaapzaal van het Damiaancollege aan de Pottelberg 5 in Kortrijk, mijn kostschool. Nu zou ik er veel voor overhebben om als een simpele toerist een paar dagen in dat gebouw te mogen doorbrengen. Ik heb daar vanwege mijn drie laatste schooljaren tenslotte ook bijzonder veel goede herinneringen aan bewaard. Maar in de eerste jaren dat ik er verbleef, ervoer ik de locatie als een hel. Dat had voornamelijk te maken met wat zich daar op een voorjaarsnacht had afgespeeld.

Woelen is de belangrijkste activiteit van wie dertien is. Het jaar duurt eindeloos en elke maand wordt het met een maand verlengd als een voetbalmatch waaraan onophoudelijk blessuretijd wordt toegevoegd. Aan het eind is er niemand die niet geblesseerd is, en is alle tijd blessuretijd. Daardoor komt het dat elke jongen het gevoel heeft dat hij in zijn leeftijd opgesloten zit en dat hij er misschien nooit in zal slagen daaruit te ontsnappen en ouder te worden, al ware het maar één enkel jaar.

Ook bestaat wie dertien is voornamelijk uit vingertoppen. Rare dromen vallen pardoes in zijn kop en vervolgens deelt die kop bevelen uit aan al zijn vingertoppen. In de slaapzaal van het Damiaancollege werd eendrachtig gewoeld. Tachtig jongens probeerden daar nacht na nacht met heel hun lichaam aanwezig te zijn in elk van hun vingertoppen. Tachtig jongens, ongeduldig op weg van moeten naar mogen, leefden permanent in blessuretijd, machteloos wachtend op het fluitsignaal van de volwassenheid. En misschien wel voor het eerst begonnen zij zichzelf aan te raken, bloedstollend ernstig, net echte volwassenen.

Sander zat één jaar hoger dan ik. Daaraan meende hij een zeker gezag te kunnen ontlenen. Er heerste die avond in de slaapzaal een sfeer van angstige saamhorigheid in het verbodene. Enkele jongens hadden uit de kelders van het pensionaat flesjes pils gejat. Bij het ontbottelen viel overal onderdrukt gegiechel te horen. Er werd steeds roekelozer gedronken. Weldra werd het ook rumoeriger.

Na een tijdje verscheen Sander bij mijn bed. Of ik sliep? Niemand sliep. Dus gaf ik maar toe dat ik dit evenmin deed.

Hij schoof zijn hand onder de lakens en ging over tot een nauwgezette inspectie tussen mijn benen. Ik voelde vingertoppen, niets dan vingertoppen. Of ik alles wel had? Dat wilde hij op het toilet best eens verifiëren. Ik liet mij overhalen. Zijn penis, in vol ornaat, betekende voor mij, die nog niet aan erecties toe was, weliswaar een openbaring, maar boezemde mij ook afkeer in. Dat seks vies was, van dezelfde orde als stront, werd alleen maar bevestigd door de buitengewoon smerige wc-pot.

Ons nachtelijke isolement kwam de surveillant ter ore, min of meer Gods hoogsteigen pitbull. Vanwege een door hem frequent gebruikte stoplap noemden wij hem pater Niewaar. Eén nacht na de feiten ranselde hij mij tot bekentenissen, al deed ik nog zo mijn best om alles te loochenen. Elk detail wilde hij van mij vernemen, in het bijzonder of ik was 'aangeraakt'. Pater Niewaar collectioneerde oorvijgen zoals de eerste de beste seksmaniak orgasmen. Een paar dagen later werd Sander uit de school verwijderd. In de weken die volgden, voelde ik alle ogen op mij branden. Ik mocht blijven, maar mijn schuldgevoelens waren zo heftig dat zij aan de basis zouden liggen van een monomane en fanatieke heteroseksualiteit. Het eerste wat mij evenwel overkwam, was dat ik in ons voetbalploegje van de ene op de andere dag werd gedegradeerd van middenvelder tot doelwachter, een positie waarin ik, te oordelen naar het aantal toegestane doelpunten, maar een mager figuur sloeg in vergelijking met mijn weldoorvoede voorganger.

In de oude vleugel van het Damiaancollege lagen naast het oorspronkelijke klooster van de picpussen, met de kamers van de eerwaarden, ook de leerlingenrefter, de slaapzaal met chambrettes (doordrongen van het aroma van verschaald sperma) voor de scholieren van het derde en het vierde jaar, de lerarenkamer en de keuken. Een nieuwere vleugel herbergde alle klaslokalen, alsook de studie- en de slaapzaal van de jongsten. Het allernieuwst, ten slotte, was een vleugel in de nabijheid van de leerlingenkapel. Op de eerste en de tweede etage bevonden zich daar de kamers van de oudste internen en op de begane grond een sporthal, waarin voornamelijk basket- en volleybal en andere vormen van juveniel machisme werden beoefend, maar waar ook een deel van de lessen lichamelijke opvoeding plaatsvond en waar wij – onder de castrerende blik en de penetrante basstem van zwem- en gymleraar Guy l'Esprit in poedelnaakte rijen maar niettemin tot plechtstatige schreden gedresseerd – naar de douche moesten als naar een communiebank. Hij heeft ons leren zwemmen, Guy l'Esprit, elk van ons; zelfs een blok graniet, zelfs tien ton lood zou hij hebben kunnen leren zwemmen. Hij had maar één missie: de hele planeet te redden van een mogelijke verdrinkingsdood. Er dreigde zich, volgens zijn goed onderbouwde overtuiging, elk moment een nieuwe zondvloed te voltrekken. Maar het zelotisme waarmee hij ons het hooggeprezen levensnoodzakelijke reddersbrevet wilde aansmeren, was zo overrompelend dat ik mij op mijn wanhopigste momenten afvroeg of hij zich er niet beter op had toegelegd ons met goed gevolg te leren verzuipen, samen met die hele hondsberoerde klotewereld.

Hoewel ik geen hoge dunk van hem had, algauw moest ik toegeven dat hij kon rekenen. Aan het eind van het jaar, na optelling van mijn trimestriële examencijfers, bleek namelijk dat ik voor lichamelijke opvoeding precies de helft had gehaald. Het jaar daarop, toen ik opnieuw precies de helft haalde, wist ik dat dit geen toeval meer kon zijn. Mijn weg naar huis zou ik nooit vinden, alle aardrijkskundeleraars ten spijt, maar ik zou in de wereld al met al wel mijn hoofd boven water kunnen houden. Augustus 1966 ging ik met mijn ouders op vakantie. Wellustig gelegen in het badwater van een Ardens pension vierde ik mijn eerste erectie. En het was alsof ik nu pas, niet enkel voor de helft, maar met vlag en wimpel was geslaagd voor lichamelijke opvoeding.

Hoogstraat 153, anno 1967

1967 zou onder meer vanwege de 'summer of love' zijn spoor nalaten in het collectieve geheugen als een spermavlek in een matras. Zelf voelde ik mij daarentegen al vele jaren door de verliefdheid in de steek gelaten, om precies te zijn sinds de unilaterale alliance met Stientje en Nientje, de in mijn optiek bijna bejaarde, want godbetert misschien wel twaalfjarige tweelingzusjes die, elke ochtend ad hoc tot kindermeisjes gebombardeerd, erop moesten toezien dat ik ongeschonden bij mijn schoolmeester aankwam. Het was nog een klein jaar wachten op de pronkzieke en toch al van veranderingen vergeven mei '68, die ik in alle volgende jaren veel minder als een historische dan als een amoureuze mijlpaal ging beschouwen, zij het dat ook eender welk standje in bed of op de keukentafel het toentertijd wel tot een politiek standpunt dreigde te schoppen. Nu, een jaar eerder nog, probeerde ik mij voor te stellen hoe het zou zijn om ooit weer verliefd te worden. IJverig repeteerde ik, als een enigszins geblaseerd oudgediende, de betekenisvolle gebaren, de zwaarmoedige blikken en de beproefde schouders van de verliefde, er rotsvast van overtuigd dat verliefdheid maar één enkele vijand kent, humor, en maar één enkele bondgenoot, melancholie.

Tijdens de week was ik dan wel op kostschool, maar er ging daar niet één dag voorbij of mijn geest waaierde gewillig uit naar het huis dat vrijwel mijn hele jeugd mijn domicilie zou blijven en waar ik in het weekend hoe dan ook opnieuw naartoe mocht. Het was een half vrijstaande woning in Deerlijk, in de Hoogstraat 153. Het huis was enkel van een vrij druk kruispunt gescheiden door een tuinpad en door een parkeerruimte, waarvan in die tijd hoofdzakelijk werknemers van de weverij Nuyttens gebruikmaakten.

Langzamerhand deed een tijdperk zijn intrede waarin werkelijk iedereen alle beuzelarijen van alleman aan de andere kant van de planeet te weten kon komen, terwijl het niet langer evident was op de hoogte te raken van het opgeknoopte kadaver in het huis van de buren. Ook leek het alsof alles het plotseling begeven had en nu hoogdringend aan herstelling toe was. Er moest en er zou veranderd worden. De psychedelische ervaring (Timothy Leary: 'The Only Hope is Dope') deed een poging om het voorheen hoog in aanzien staande stuk in de kraag te vervangen. Terwijl sommige jongeren het met hun primaire en secundaire geslachtsorganen mondiaal uitjubelden, zette de brave burgerman de intimiteit, die in de loop van de geschiedenis altijd al op een schommelende populariteit heeft geboogd, gedecideerd op haar plaats: ergens diep binnenshuis. Het laatste heftige generatieconflict van de twintigste eeuw was een strijd tussen binnen en buiten, een kwestie van meters, misschien wel van centimeters.

Ik zag dat, terwijl eerder al de hoelahoepende meisjes uit mijn geliefde Hoogstraat waren opgehoepeld, ook één nobele oudemannensport er zeldzaam werd: het trottoirzitten met gekruiste armen boven op de rugleuning van een stoel, die als een klotenschild leek te dienen. Hiermee kwam er een eind aan de beschaving van vertellers die de wereld al eeuwen hadden weten te resumeren tot de volmaaktste vierkante meter, namelijk die rondom hun zitplaats.

Ook sterven hoorde voortaan stiekem te gebeuren. Met dezelfde discretie waarmee men zich op de wc placht te ontlasten, onttrokken aan de vernederende blik van buitenstaanders. De katholieke traditie die voorzag dat er in het huis van de overledene een rouwkapel werd opgesteld, raakte dus in onbruik. En de bejaarden die een poos geleden nog vrolijk tetterend het trottoir hadden bezet, trokken zich nu alvast monddood en zeer anoniem in hun huiskamer terug om zich aan hetzelfde beeldscherm te vergapen als wie jonger was.

Wat kwam er zoal op de televisie in die dagen? De Don Camillo-films met Fernandel, de Marseillees wiens glimlach van oor tot oor haast om een paardenhalster smeekte. (In de Hoogstraat bleef hij ondanks het expansionisme van het anglofone sterrendom met voorsprong de grootste acteur ter wereld, de enige ware, althans bij wie ouder was dan ik. Maar de Franse cultuur, die vooral in Zuidwest-Vlaanderen, op streelafstand van Frankrijk, zo dominant was geweest, begon inmiddels wel aan uitstraling in te boeten.) Het journaal meldde mij dat in het Groote Schuurziekenhuis in Kaapstad Christian Barnard het eerste ruilhart ooit inplantte bij Louis Washkansky, die vervolgens toch nog sneller de kraaienmars blies dan goed was voor de reputatie van zijn chirurg. En tijdens de beklimming van de Mont Ventoux in de Tour de France kwam ook Tom Simpson om, die legendarische dupe van de dope. Nooit had ik iemand gezien die, zigzaggend over het wegdek, zo wanhopig en versuft omhoog probeerde te kruipen alsof zich daar en nergens elders zijn ultieme droom bevond, terwijl hij alleen maar aan zijn afdaling naar de onafwendbare afgrond bezig was. Dat je zo overweldigend aan het eindigen kon zijn, als het ware in een surplace op het circuit van de eeuwigheid, en dat je er tegelijk van doordrongen was nog maar pas begonnen te zijn en nog een lange weg voor de boeg te hebben – het beeld greep mij aan.

Als er één oord is dat ik associeer met woelige puberdromen, verbeten narcisme, de dodelijke ernst van kalverliefdes en het zorgelijke, enigszins gezwollen gefilosofeer dat hiermee gepaard gaat, dan is het wel dat van om en nabij mijn ouderlijke huis in de Hoogstraat. Ik was een aanstellertje. Met een Wertheriaanse gezindheid en met bloedstollende ernst componeerde ik er in het weekend liefdesbrieven als langoureuze symfonieën. Niet in de eerste plaats voor mezelf, maar vanzelfsprekend geheel onbaatzuchtig voor andere jongens uit mijn klas, van wie degenen met de permissiefste ouders al naar hun eerste thé dansants of naar de fuiven van een hogere klas mochten. Als een jeugdige Cyrano richtte ik mij tot meisjes die ik voor het overgrote deel hooguit kende van een foto of van het gepoch waarmee hun wufte ondergoed of de afwezigheid daarvan beschreven of bijeengefantaseerd werd. (En ik had succes! Uiteraard meer met de brieven in andermans dan met die in eigen naam. Schrijven en leven lieten zich toen al niet zo best met elkaar verzoenen.) Eén citaat zou ik later als motto gebruiken voor een bewogen gedichtencyclus over de kanker van mijn geliefde: 'Oui, ma vie / Ce fut d'être celui qui souffle – et qu'on oublie.' Toen kende ik die tekst nog niet en *Cyrano de Bergerac*, het boek van Rostand, was mij alleen van mijn met Franse schrijvers dwepende opa Knor bekend. Maar dat ene zinnetje had perfect op mij van toepassing kunnen zijn. Ik was inderdaad niet meer dan een souffleur, niet meer dan een spreekbuis. Leven? Daar hield een ander zich mee bezig.

Als fideelste bewoner was mijn moeder en niemand anders naar mijn mening gerechtigd ons huis, dat weliswaar een huurhuis was, haar bezit te noemen. Zij moest er de meeste uren in doorbrengen, vastgeklonken aan haar fauteuil, ongeduldig wachtend op iemand die haar eindelijk zou komen bevrijden, maar die nooit opdaagde. Voortdurend wilde zij er weg. Zij stelde al haar hoop op bescheiden uitstapjes, kwakzalverijen tegen eenzaamheid, waarvoor zij helaas was aangewezen op weekends en op de goodwill en het voertuig van mijn vader, die uithuizigheid zonder meer verfoeide. Als handelsreiziger in textiel moest hij tijdens de week namelijk al vaak genoeg weg. Pas een jaar later, omstreeks de tijd dat hij in onze kennissenkring geregeld paniek begon te zaaien met onafzienbare diavertoningen, zou hij ook langer binnenshuis verblijven, tussen de rekwisieten van zijn nieuwe passie. In afwachting besteedde hij zijn vrije uren nu, in 1967, nog hoofdzakelijk aan wat zich buitenshuis bevond: de tuin en de eigenhandig getimmerde volière, waaraan altijd wel iets stukging. Hij voerde er het bevel over een bonte compagnie Engelse haantjes, krielhaantjes, kwartels en Vlaamse gaaien en over één enkele, in het Vlaanderen van toen nog vrij zeldzame vogel: een ekster, die, aan één vleugel gewond, met blote handen te vangen was geweest. Soms fatsoeneerde hij het tuinpad met de borders, alvast zorg dragend voor de plek waar hem zestien jaar later dan ook rechtvaardigerwijs een propere dood middels een simpele hartstilstand zou worden vergund.

Het was omstreeks het jaar 1967 en in dat huis dat de verveling voor het eerst meedogenloos aan mijn moeder begon te knagen. En de verveling nam haar tijd, zij bond de strijd aan met mijn moeders ongeduld en ze zegevierde. Het wonder geschiedde dat mijn moeder dikker werd naarmate de verveling meer kilo's afknaagde van het meisje dat zij was geweest. En dat huis in de Hoogstraat 153, waar zij uiteindelijk – in tegenstelling tot mijn vader – niet zou sterven, werd het graf van een mager wicht van veel vroeger dat gevangen was komen te zitten in de verkeerde vrouw, uit wie zij elke dag weer weg wou, maar uit wie zij niet meer zou kunnen ontsnappen.

Westwood Park 129, anno 1971

Nooit ben ik langer ononderbroken van huis geweest dan in de zomer van 1971. Om mijn kennis van het Engels wat bij te spijkeren met het oog op een nakende universitaire studie, verbleef ik, onmiddellijk na mijn middelbareschooltijd, bijna drie maanden in Engeland, hoofdzakelijk in Londen. Aanvankelijk vond ik er onderdak bij een door talenschool Eurocentre uitgezocht gastgezin waarvan de pater familias, ene signore Petrilli, voortreffelijk Italiaans sprak. Later, toen ik al na één week de plaat had gepoetst in een fruitplukkerskamp bij Peterborough, nam ik de voorstellen aan van twee Londense vrijgezellen die ik had leren waarderen in hun hoedanigheid van drinkebroer in The Moore Park, zijnde de plaatselijke pub waar ik elke avond ook zelf te vinden was. De ene, Richard Plaster, Dick voor de vrienden, was zevenentwintig. Bij Keddie, een Londense firma die zich toelegde op de verpakking, inblikking en etikettering van allerlei voedingswaar als olijven en augurken, was hij een van de ploegbazen. Zijn Schotse ouders hadden hem met veel ijver grootgebracht in het geloof van Jehova, dat hij vervolgens zo snel mogelijk was afgevallen. Hij rookte, zoop en probeerde – zo zou later blijken – ook nog eens zijn fallische Engelse roepnaam waardig te zijn: hij zat enthousiast achter de venten aan, althans achter mij. Van Dick was het dat ik het aanbod kreeg te zijnen huize en op zijn kosten het avondmaal te gebruiken tijdens de rest van mijn verblijf. Er kwam een eind aan de monomanie waarmee ik tot dusver in The Golden Criddle of in een of andere Wimpiebar altijd weer hetzelfde menu had genoten, te weten 'Golden Fried Chicken, Chips and Peas', tijdens de vele zelfbenoemde feestdagen afgerond met een voluptueuze ijscoupe van de naam Knickerbocker Glory.

Eddie Perla, Dicks kompaan, was al een eind in de dertig en op een paar sprietjes na jammerlijk kaal. Hij dreef een handel in tuinartikelen. Het wekte alom verbazing dat uitgerekend deze enigszins simpele van geest de broer van een meermalen gefêteerd kernfysicus was. Met zijn geestdriftige cockneyaccent leek hij namelijk in hoofdzaak op één ding berekend: koste wat het kost vermijden dat iemand hem zou kunnen beschuldigen van ook maar de geringste empathie met de intellectuele fine fleur. Hij was er trots op dat hij veel dommer was dan zijn broer, maar aanzienlijk goedhartiger. Om dit laatste te bewijzen bood hij mij logies aan. Zijn woning lag overigens in Westwood Park, die tevens de straat van signore Petrilli was.

Eddie Perla gaf tot vervelens toe een lach ten beste, die te vergelijken was met het geschetter uit een repeteergeweer, waarvan je had kunnen denken dat het je zou fusilleren als je niet geweten had door welke olijkerd het afgevuurd werd. In al zijn vertrekken en zijn slaapkamers had hij, alsof zijn woning een soort geïmmobiliseerde truck was, tegen het behang enige nogal welgedane blondines gespeld. Als liefhebber van darts had hij bovendien op en rondom het aanbevelenswaardige en majesteitelijke achterste van één *playmate* diverse cirkels gekrabbeld die samen een schijf moesten voorstellen. Nooit lachte Eddie heftiger, schunniger en gemener dan wanneer hij met een van zijn darts de roos trof.

Zijn huis maakte deel uit van een uniforme reeks die de hele straat besloeg. Het ging meestal om eenvoudige maar nette woningen, twee onder een kap, in een niet geheel onaangename neostijl, die een enigszins landelijke *cosiness* uitstraalde. Van alle huizen maakte dat van Eddie, op nummer 129, met zijn haast verveloze ramen wel een zeer armetierige indruk. Door bij tijd en wijle de boel schoon te houden, het gras te maaien en de rozenstruiken in de voortuin te besproeien, probeerde ik de schuld te delgen die ik al dan niet terecht op mij voelde wegen. Ik hield ervan in alle kamers met de stofzuiger rond te gaan, een uur aan één stuk door of langer zelfs, en intussen weg te dromen bij een toestel waarvan het monotone geronk mij als kind al had weten te bedwelmen telkens wanneer mijn moeder ermee in de weer was.

Het was een krankzinnige tijd. De meesten van mijn generatie wensten in hun alleroprechtste binnenste misschien niets liever dan een burgerleven prêt-à-porter, maar in de trendy etalages van het bestaan was daar geen plaats voor. De tijdgeest, waaraan serviel gehoorzaamd diende te worden, riep op tot wereldwijde bandeloosheid, psychedelisch gezwam en libertijnse fantasmen. Openheid zou en moest er heersen. Het was een dolzinnige, naïeve, maar ook luisterrijke tijd. Naïviteit was namelijk de voedingsbodem van al die luister. Men hoorde bijvoorbeeld geen belangstelling voor pecuniaire kwesties te hebben. De wereld was nu echt wel lang genoeg aan bezitsdrang ten prooi en niemand die zichzelf respecteerde, durfde nog openlijk te twijfelen aan het marxistische postulaat dat eigendom diefstal was.

Toch wilde ik niet op Dick parasiteren. Dus stelde ik hem voor halftijds bij Keddie, zijn firma, aan de slag te gaan, zodat ik alvast in The Moore Park niet in verlegenheid zou worden gebracht wanneer het erop aankwam een rondje of twee te betalen. Samen met Mike en Ray, twee hippe leeftijdgenoten van me, sleurde ik sindsdien halve dagen met tonnen olijven. Door middel van een breekijzer moest ik die open zien te krijgen, waarna ik de inhoud van enkele decimeter schimmel ontdeed en in glazen potten overhevelde. In het gunstigste geval mocht ik de rest van de ochtend of de middag etiketten kleven in het gezelschap van een al eeuwen pensioengerechtigd vrouwtje, een lichtelijk gebocheld en deerlijk verfrommeld heksje, dat alleen op fluistertoon sprak.

Zij heette Winnie. Alles aan haar was 'strictly confidential'; haar geslachtsleven (of de afwezigheid daarvan) werd door Interpol gecontroleerd. Vanachter haar beduimelde, weckpotten brillenglazen kwam zij mij op gezette tijden besnuffelen alsof zij er tot in haar baarmoeder van doordesemd wenste te raken dat ik en niemand anders de zoon was die zij nooit had kunnen krijgen. Vijf jaar lang zou zij mij telkens rond Kerstmis een das toesturen, conform aan een mode die allang niet meer de hare en – ondanks haar veronderstellingen – net zomin de mijne was. Haar zending ging altijd gepaard met een vertederende brief in het bibberige handschrift van wie nog volop het analfabetisme aan het ontworstelen was. Uiteindelijk, in het midden van een regenachtige decembermaand, hield plotseling de liefde op en – naar ik vermoed – ook het gebibber. Toen Dick na jaren nog eens de bevlieging kreeg mij in het holst van de nacht op te bellen, kreeg ik te horen dat zij inderdaad dood was.

Intussen werd ik, 's avonds vooral, geconfronteerd met een minder laborieuze wereld, die van de intellectuelen in spe, de doktersdochters, de industriëlenzonen, de rijkeluiskinderen die zich voor één maand langer dan ik in talenschool Eurocentre hadden ingeschreven en die zich voornamelijk in het uitgaansleven wilden bekwamen. In juli was ik al af en toe met hen opgetrokken. Naar de musical *Hair*, naar films als *Death in Venice*, *Goldfinger* en *2001: A Space Odyssee*, naar paardenwedrennen op Ascot, naar de door George Harrison gesponsorde Krishna-tempel in Holborn en naar een popfestival in de weide van Crystal Palace, waar Fairport Convention, Yes en Elton John op de affiche stonden. In augustus zag ik sommigen van hen terug. In The Grove Tavern voerden wij gesprekken die zwanger waren van jongemensenwijsheid en wij kwamen er maar niet uit hoe wij de grote verandering konden bewerkstelligen. Door te dromen of door te doen? Door te kiezen voor boven of voor beneden? Mijn oplossing was de simpelste: ook dromen was een politieke daad; elk boven was een hoger en beter soort beneden. In die dagen behoorde ik, zoveel was duidelijk, nog tot boven en tot de wereld van de droom.

Maar wat ik bovenal wenste, was verliefd te worden, van boven én van beneden. Sterker nog: drie maanden lang had ik eigenlijk, al die wijsneuzige poespas en al dat indociele gelul ten spijt, geen ander streefdoel dan eindelijk een verliefdheid beantwoord te zien. In mijn kamertje in Westwood Park, ten huize van Eddie Perla, droomde ik van Liboucha Glochkova, de ranke, melancholieke Tsjechische die na de invasie van de Russen in Praag met haar ouders naar Zwitserland was gevlucht en die in juli nog bij mij in de klas had gezeten. En ook gleden mijn gedachten over het elfachtige lijfje van Wipke uit het Zwarte Woud en over dat van de kokette Deense Birgitte Wend Hansen uit Svendborg, allemaal meisjes die de grote meestercouturier zelf had bijeengecouturierd en waarvan hij de afwerking niet aan derden had uitbesteed. Maar de enige die ik tijdens een dansavond in de talenschool vol op de mond zoende, was de in een Hamburgse stoeterij gefokte boerenmerrie die ter camouflage dan wel de naam Monika Fessemayer aangenomen had, maar die voorts meer leek op paardengebraad met basketbalschoenen aan dan op een meisje. En later, als het ware ter compensatie van al die Germaanse overvloed, zoende ik achter de haag van haar ouderlijke huis ook de oer-Britse Vanessa, die zich Jane liet noemen, een stel afgekloven botten waarover tot net onder de oksels een panty gespannen was (om alles bijeen te houden). En wanneer ik haar of Monika zoende, probeerde ik mijn ogen zo hard mogelijk dicht te knijpen, zo hard als nodig was om Liboucha Glochkova en Birgitte Wend Hansen en Wipke te zien, van wie ik de familienaam vergeten ben. En ja, ook zo hard als nodig was om háár te zien van wie ik zelfs de voornaam nooit heb gekend.

Geldenaaksevest 74, anno 1976

Het was een tijd van overweldigende melancholie, die je voor geen geld had willen missen. Als een nevelbank lag zij over Leuven. Over de Kruidtuin en de beide begijnhoven. Over de Keizersberg, het Stadspark en het water van de Dijle. Over de aula's waar wij dat jaar voor het laatst college liepen. En ook over de kroegen. In het holst van de nacht, in etablissementen als Den Appel of Réjean, druppelde zij uit tot diep in ons hoofd, waarna er soms een bui van dronkemansverdriet kwam opzetten. Café Réjean was niet bepaald *the place to be*, het was een oord dat opviel door zijn onopvallendheid. Maar op zondagavond sloot ik er met boezemvriend Wilfried het weekend af of ik sneed er, vervuld van plannen, juist een nieuwe week aan als een indrukwekkende soufflé die bij het geringste zuchtje in elkaar dreigde te zakken. Want afspraken, ach. Of het nu om beginnen of eindigen ging, alles was doortrokken van datzelfde aangenaam weemoedige fluïdum. Vanwege de ligging ervan op een drukke kruising van wegen, maar ook vanwege het feit dat wij ons in een cruciale fase van het leven meenden te bevinden, noemden wij café Réjean met ironische zin voor theatraliteit, en niet verlegen om een hyperbooltje meer of minder, het Kruispunt der Lotsbestemming.

Alleen maar nevel, de nevel van de vergetelheid, vlijde zich neer over de curry- en de cervelaatworsten, over de pickles en de uitjes, over de bussen tartaar, mayonaise en ketchup in het frietkraam recht tegenover café Réjean, alsook een heel eind verderop, over een misschien wel voor het laatst florissant restaurant als Zorba op de Oude Markt, waar wij tijdens feestelijke avonden gingen tafelen en retsina gingen drinken bij een uitermate suïcidale Griek die een enkele keer verwonderlijk vrolijk leek, maar die zich korte tijd later toch succesvol van kant zou weten te maken.

Ook tot de Mussenstraat had de nevel zich toegang verschaft. Daar huisde, in een van de kleine arbeiderswoningen, de lichtjes mollige Amelia uit Managua met haar grote donkere ogen vol heimwee naar het land waar zij vandaan kwam en waar de Río Tipitapa stroomde en waar er vulkanen lagen als de San Cristóbal, de Concepción en de Momotombo. In de Schepenenstraat betrok Marieke dan weer een kamer. Uiteraard kon zij toen nog niet vermoeden dat zij een dochter ter wereld zou brengen die zich zo'n kleine kwarteeuw later in al haar argeloze bloedmooiheid voor mijn kraampje op de Antwerpse boekenbeurs zou melden en mij daar zou aanspreken met 'meneer'. Godbetert, 'meneer'. 'Meneer,' zou zij mij zeggen, 'ik geloof dat u mijn moeder hebt gekend,' waarop ik haar alleen maar van antwoord zou dienen met mateloos gestotter en gestuntel en gebloos, alsof ik daar op heterdaad betrapt werd op de misdaad haar moeder inderdaad te hebben gekend, en waarop in mijn hoofd 'Marieke' van Brel zou gaan weergalmen, 'Ai Marieke'.

Natuurlijk was er één plek waar de densiteit van de melancholie het hoogst was, met name in mijn studentenkamer. Die lag op de tweede verdieping, aan de straatkant van een huis op de Geldenaaksevest, die ook toen al een drukke boulevard was. De sigarettenwalm en de patchoeliwierook gingen er bestendig een cohabitatie met elkaar aan, zodat zelfs mijn oorspronkelijk donkerpaarse gordijnen een donkerbruine bovenlaag dreigden te krijgen. Mijn naaste buren waren die van de Centrale Gevangenis. Ik had in die dagen sterk de neiging hen te romantiseren. Behalve het gewone rapaille van bankovervallers en andere roofridders hield daar de fleur van de hartstocht verblijf, het ware dichtersgilde van de passiemoordenaars die, tot geen compromis bereid, nooit met iets minder dan de absolute liefde genoegen hadden willen nemen. Ik vond hen net zo fascinerend als iedereen die zich van het leven benam vanwege een of ander amoureus echec.

Eens, op een aprilnacht, toen achter mijn manmoedig geopend raam opeens dikke sneeuwvlokken begonnen neer te dwarrelen hoewel het al lente hoorde te zijn, toen liet Marieke, bij mij te gast, uit verstrooidheid of wat dan ook haar beha bij mij achter nadat zij eerder, in een innerlijke schermutseling met de engel der kuisheid, geweigerd had zich voluit aan mij te geven. Zij hield nu eenmaal van een ander, die zij evenmin kon krijgen als ik haar. Want dat was eigen aan de twintigers die wij nog niet lang geworden waren. Ook al begonnen wij er maar amper mee, liefde moest steeds het eindpunt zijn, het eindpunt en het onovertrefbare hoogtepunt. Dat hadden wij kennelijk met sommigen van onze criminele buren gemeen. Wij gingen ervan uit dat wij, om van de berg af te donderen, nog over een eindeloos leven konden beschikken. En de personen die het onderwerp van onze verliefdheid waren, namen gradueel in belang toe naarmate wij hen ruimschoots, een beetje of helemaal niet hadden gehad. Het was niet onbelangrijk afgewezen te worden om waarachtig van iemand te houden.

Bovendien was alles doortrokken van de wellust van de weemoed om het al veel te talrijke voorbije. Zelfs Mariekes vergeten beha. Want zo'n beha, was dat niet een kledingstuk dat vroeger uitsluitend populair was geweest onder de solider en martialer klinkende benaming 'bustehouder'? Veel was enkel maar een kwestie van woordenschat. Je lief droeg tegenwoordig een beha, je moeder – nu nog – een bustehouder en voorts natuurlijk ook een *combinaison* (onderjurk). (Decennia daarvoor, toen de tijd nog kon vlieden in plaats van voorbij te gaan, toen droeg diezelfde moeder telkens als zij buiten kwam ook nog eens een sjaal op het hoofd, precies alsof onze raszuivere streken in de ban van de islam waren en het al een eind in de eenentwintigste eeuw was.)

Waar lag de nevel nog? Over de Blijde Inkomststraat, die elke ochtend het decor vormde van het bizarre ontbijt dat ik er met een van fideelste vrienden placht te genieten en dat enkel uit een paar glazen witte martini bestond, de noodzakelijke brandstof voor een college dat de filosofie van de kunst behelsde of het werk van Percy Bysshe Shelley later die ochtend: 'Wake, melancholy Mother, wake and weep!'

Al die aantrekkelijke en epidemiologische treurnis, in haar zuiverste staat niet bij machte langer dan drie of vier jaar te heersen, liet zich voeden met songs van Neil Young, Leonard Cohen en Bob Dylan, met muziek van Brahms, Schubert en

Mendelssohn, met boeken als *Der Tod in Venedig*, *Le grand Meaulnes* en *The Great Gatsby*. Een melange van tegelijkertijd platonisch en masochistisch plezier maakte zelfs de grootste puistenkop onder ons apart en begerenswaardig. Het was 1976, een jaar dat welbeschouwd nogal traag verliep, zeker tijdens de zomer die de heetste van de eeuw zou blijken en die daardoor excelleerde in een universele loomheid.

Achteraf bekeken was er met betrekking tot onze favoriete sentimenten bijzonder veel dat niet van belachelijkheid gevrijwaard bleef. Op de deur van mijn kamer stond te lezen: 'Luuk Gruwez, joods edeling, melancholicus, nar van de koning, bezetene van de schoonheid, strijdbaar op het vlak van de vorsing naar de aard en oorsprong der volstrekt persoonlijke aandoeningen van de Weemoed.' En blijkens mijn dagboek had ik daar al op 22 november 1975 een versje onder geprikt:

AAN HET VLEERMEISJE

Ik zal nimmer een ander minnen
dan U, dan U en U alleen.
Nimmer bent U mij te min.

We kotsten en we pisten in de wasbakken, we lieten de etensresten in borden, kommen en pannen beschimmelen zoals het de bohème van de studentenwereld betaamt. Wij waren verliefd, al wisten we niet altijd op wie. En op onze plechtstatigste momenten *beminden* wij alsof wij tot de jeunesse dorée behoorden en de wereld enkel uit prinsen en prinsessen bestond.

In een kamer schuin onder die van mij verbleef de Duitser Raphaël, een aartsengel uit een abattoir. Tenminste, te oordelen naar het feit dat diens vriendin er con brio in slaagde alle bewoners van het huis met verstomming te slaan door loeiend klaar te komen, net of haar ingewanden tergend langzaam uit haar buik werden getrokken tijdens een langdradige eeuwigheid van verschillende minuten. Op mijn eigen etage was meisjes versieren overigens een huzarenstuk dat een zekere behendigheid vereiste. Mijn bed lag op een kast, waarvan het dak zowat tot schouderhoogte reikte. Ik was, gehandicapt door verlegenheid, vreselijk lang maagd gebleven. En geen van mijn potentiële geliefden (door mij 'Stiefzusjes van het Vleermeisje' genoemd) was ertoe bereid het, bij wijze van veiliger alternatief, op mijn bureau te doen. Er was er maar een met wie ik in die dagen schaamteloos placht te sollen die zich door de klauterpartij naar mijn sponde nooit liet afschrikken. Zij loenste nogal fors, waardoor ik er nooit helemaal zeker van was of zij op mij verliefd was of op iemand in mijn directe buurt. Een decennium later zou zij volgens een overigens nooit bevestigd gerucht naar Amerika vertrekken en zich daar prompt in de armen van een regisseur van B-films storten. Dit was, tegen de tijd dat ik de schepping zelf als zo'n B-film begon te zien, hoe dan ook het laatste wat ik over haar vernam.

Vlinderstraat 27, anno 1982

Kort nadat ik vanuit West-Vlaanderen naar Hasselt geëmigreerd was en er mijn intrek had genomen in een flat, was ik ertoe overgegaan een van de kamers paars te verven. Zelfs de raamkozijnen en het plafond hadden eraan moeten geloven. Het palet van mijn ironisch-melancholieke gemoedsgesteldheid bevatte tijdens die dagen maar één kleur van belang. Of toch niet helemaal: aan de muur hing een tekening die The Great Gatsby voorstelde, in zijn smetteloos witte pak en met zijn smetteloos witte pet op, *larger than life* en een bijna perfecte kopie van Robert Redford uit de verfilming van Fitzgeralds roman. Op een ook al paarsgeverfde muur in de woonkamer stond bovendien in grote witte letters een sloganeske postpuberale verfrommeling van een Gezelle-gedicht geschilderd: 'Ego flos no more.' Dat had te maken met mijn tanende narcisme en met het No Future-gevoel van de inmiddels ook al voorbije punkgeneratie. Ik was bijna dertig. Hoog tijd om afstand te nemen van het echec lijdende dandyisme dat ik meer dan een decennium lang gehuldigd had onder het motto dat er alleen maar oppervlakte bestond en dat diepgang een kwestie van interpretatie was (en dus in zekere zin van domheid).

1982 kwam eraan. Margaret Thatcher, *stiff upper lip* tot in d'r coiffure en een pokerface alsof men haar al bij leven gebalsemd had, stuurde haar troepen naar de oproerige Malvinas en domineerde daarmee het journaal van die dagen. Maar dat trok minder mijn aandacht dan de dood van bitterzoete filmgodinnen als Gracia Patricia Kelly – alias Grace Kelly – Rosemarie Magdalena Albach-Retty – alias Romy Schneider – en, geheel zonder alias, de van top tot teen uit zichzelf bestaande Ingrid Bergman, de enige van de drie overigens die niet dramatisch jong doodging: zij overleed exact op haar zevenenzestigste verjaardag.

Vanaf nu bestonden er geen prinsessen meer. Geleidelijk aan werd ik door de accumulatie van mijn eigen verjaardagen op tal van vlakken ontnuchterd. Ik weigerde nog langer in de valstrik van mijn zweverige ik te trappen en ik vond het gezond om zowel mijn medemens als mezelf vaker in onderbroek dan in geklede jas voor de geest te halen. Dat iedereen, ongeacht zijn afkomst, opleiding, talent, vermogen of wat dan ook, af en toe de pot op moest – dát was pas een verkwikkende gedachte!

Het eerste jaar in mijn flat, met ingang van november 1976, was er in hoofdzaak een van eenzaamheid geweest. Om daar min of meer tegen in te gaan had ik buiten, op een klein terras, een (paarsgeverfde) kooi met een tiental zebravinkjes geïnstalleerd. Het zaad, natuurlijk uitsluitend voor hen bestemd, gaf voor een hele bende muizen al snel aanleiding om zich als ware parvenu's onder de kasten van het aanpalende woonvertrek te vestigen. 's Avonds, terwijl ik op de buis – ik noem maar iets – een aflevering van het feuilleton *Van oude mensen de dingen die voorbijgaan* aan het bekijken was, stelde ik geregeld vast dat twee, drie van hen tegelijk in mijn gordijnen aan het klauteren waren met een behendigheid die schril afstak tegen de inertie van mijn dichterslijf.

Op een stormachtige zondag streek een imposanter dier, een verwaaide en verdwaalde duif, neer op mijn terras. Nadat zij daar tot rust was gekomen, waggelde zij ongegeneerd mijn woonkamer binnen en monsterde zij de ruimte rondom de tafel. Op zo'n anderhalve meter van de stoel waarop ik zat, achtte zij het gerechtvaardigd urenlang domicilie te houden. Meer nog: af en toe vuurde zij een onmiskenbaar hautaine blik op mij af. Hoorde ik daar, après tout, wel te zitten? Ik was er al niet meer zeker van dat de huur die ik van mijn karige maandloon als jonge leraar in een kunstschool betaalde, mij daartoe het alleenrecht gaf. Ik begon warempel te vrezen dat ik hier niet met een uit de koers geslagen *pigeon voyageur* te doen had, maar met de gevederde ziel van niemand minder dan mijn opa Bing zaliger gedachtenis, die immers zijn leven lang een innige relatie met alle mogelijke gevogelte gehad had – op zijn bord, onder aan zijn buik of in zijn volière – zodat het zeer aannemelijk was dat dit zijn manier was om vandaag, op de eerste verjaardag van zijn overlijden, voor zichzelf een herdenkingsplechtigheid op touw te zetten en mij daarbij en passant voor mijn vergetelheid terecht te wijzen.

Het bleef buiten onwaarschijnlijk guur, zo guur dat ik de wind voortdurend 'u' hoorde roepen, 'u, u, u', alsof hij naar mij op zoek was. Binnen zat ik met veel succes zielig te wezen tijdens de dag die daar altijd al bij uitstek toe geschikt was geweest, de dag des Heren, en dan nog gedurende dat vermaledijde uur voorafgaand aan de schemering. Waarom gingen mensen doorgaans dood? Waarom plachten zij mij te verlaten zodra zij mij hadden leren kennen? En vooral: waarom trof ik niemand die met mij in lief en leed wilde samenleven in deze met zoveel purper gesanctifieerde flat? Ik verwachtte waarschijnlijk dat een of ander potentieel lief precies als bovengenoemde reisduif bij mij zou binnenwandelen, als de wiedeweerga uit de kleren zou gaan en me eigenmachtig naar mijn liefdesnest zou slepen.

Enkele maanden nadien, in de junimaand van 1977, knoopte ik een relatie aan met haar die ik een hele tijd later Tippetotje zou noemen (naar de anarchistische schilderes in *De Kapellekensbaan* van Louis Paul Boon) en nog later Totje. Voorlopig heette zij gewoon Mieneke. Zij ging bij voorkeur in het paars gekleed alsof zij tot elke prijs *assorti* wenste te zijn met mijn vertrekken. Mieneke was het die, toen zij al Tippetotje heette, diverse keren kanker zou krijgen en een proefabonnement op de dood, omdat zij zo'n lieve, goede, trouwe klant was. Mij zou dit alles inspireren tot een hele resem bezwerende, vloekende, godslasterlijke verzen. Gedichten als catastrofes die zondigden tegen alle regels van het dichten. In elk geval zou Tippetotjes ziekte mij ervan overtuigen dat literatuur, hoe onmisbaar ook, maar een flauw, zij het luxueus surrogaat was voor het leven en alles waardoor dit zoal kon worden belaagd.

Maar nu kondigde zich nog geen enkele dreiging aan. Wij voelden ons wel vergankelijk, maar ook vorstelijk. Om dat laatste te vieren, en vooral om dat eerste te vergeten, overlaadden wij elkaar met cadeaus. Er was, zoals steeds in het hoofd van verliefden, een of ander hardvochtig liefdestribunaal bedrijvig, dat alleen met de zwaarste bewijslast genoegen zou nemen.

Ik stond in die dagen wel eens met een houten kop voor de

klas. Dan was het niet altijd een sinecure een bont gezelschap als dat van Emily Dickinson, Edgar Allan Poe, Jan Arends en Maarten Biesheuvel, tous bien étonnés de se trouver ensemble, bij mijn leerlingen toegang te doen vinden. Ook Christina Rossetti, herinner ik mij, was altijd van de partij: 'When I am dead, my dearest, / Sing no sad songs for me.' En ja, natuurlijk Shakespeare, met een uitspraak als een kaakslag, zeker voor al wie jong was: 'Life is a tale told by an idiot, meaning nothing.'

Voorts zong ik op mooie lentedagen, geheel onschuldig, in al mijn genen een spotlustige kruising tussen een mislukte *soixante-huitard* en een overjarige scoutsleider, middeleeuwse ballades en romances als 'Van Heer Halewyn' of 'Van twee conincskinderen', waarna ik met een hoed de munten ophaalde die mij krachtens mijn prestatie toekwamen en die soms doodleuk naar mijn kolderieke hoofd werden gekeild door de meest driesten onder mijn leerlingen. Het eclatantste succes zou mij enkele jaren later te beurt vallen tijdens de voorlezing van *De kleine Emma* van Géza Csath, een volkomen kierewiete Joegoslaaf. Het verhaal handelde over kinderen die uit verveling aan een zelfgebouwde galg allerhande dieren opknoopten en die zulks aan het end ook nog eens quasi-achteloos met een van hun *partners in crime* deden, het zinnenprikkelende en vertederende speelkameraadje Emma. Bengelend aan de strop bleef zij nog even heftig trappelen met haar dunne witte kousenbeentjes, wat de auteur alleen maar tot laconiek commentaar inspireerde: 'Het waren erg koddige bewegingen.'

Uitgerekend die woorden hadden één keer iets tot gevolg waarin de literatuur – van welke origine ook – zich hier te lande vermoedelijk al vele decennia niet meer had mogen verheugen. Pardoes viel er een meisje flauw, een asblond wicht met vlechten, *sehr germanisch*, dat in haar val enig schoolmeubilair meesleurde en een lelijke scheur teweegbracht in het gloednieuwe 'This body is in danger'-T-shirt van het meisje naast haar, aan wie zij zich nog vertwijfeld had proberen vast te klampen.

Op soortgelijke lesdagen volgden soms avonden tijdens welke Mieneke en ik onze overtuiging wilden naleven dat het belangrijkste meubel voor wie dan ook het bed is. Wij hielden het bed alsof liefde een ziekte was. Wij verhuisden alvast een nog van mijn grootouders geërfd matras van de slaapkamer naar de woonkamer. De veren priemden ten gevolge van de vele jaren en van god weet welke overijverige liefdesacrobatiek hier en daar door de bekleding, maar wíj voelden enkel en alleen elkaar.

1982 was het voorlaatste jaar dat ik hier zou wonen. In 1983 zou ik naar de Windmolenstraat verhuizen, enkele honderden meters daarvandaan. De matras in kwestie kwam te bestemder tijd bij het overige grofvuil te staan en, net als de vele uiteindelijk vergiftigde muizenlijfjes en het *reïncarnaat* van mijn opa Bing, verdween zij in de mist der tijden, die naamloos is en naamloos maakt en als vergeetzucht over de wereld zweeft alsof er nooit iets is geweest.

Windmolenstraat 15, anno 1986

Niet dat het een goed idee was, maar vanaf 1984 begon ik zowaar voor het eerst, in stilte en met gepaste schaamte, volwassen te worden, hoewel ik toen al de dertig voorbij was. Dat had allicht alles te maken met het feit dat ik een jaar daarvoor in iets meer dan een maand mijn beide ouders, prille vijftigers, verloren had. Hun meubels, hun lusters en hun schilderijen, hun wansmaak en de verfijning van vroegere en nog vroegere generaties moesten nu plotseling mijn pas gehuurde huis sieren. Zo sentimenteel was ik dat ik mijn overledenen op fetisjistische wijze, dat wil zeggen via hun vroegere bezittingen, probeerde te recupereren. Het huis in kwestie, bouwjaar 1900, lag vlak bij de Hasseltse binnenstad, in de Windmolenstraat, nummer 15. De tuin ervan paalde aan die van het clarissenklooster, waarvan het kerktorentje lieflijk als op een prentje uitstak boven het tuinhok. Daar bewaarde ik niet alleen turf en potgrond, maar – ten behoeve van mijn algauw slabakkende champignonteelt – ook paardenmest, alsof ik de Almachtige van enige deemoed en een kennersneus voor stront wilde voorzien.

Ik had een behoorlijk bejaarde buurman, met wie ik het goed kon vinden. Hij heette, geloof ik, Neuckermans of De Naeyere; ik begrijp niet dat ik de precieze naam vergeten ben. Neuckermans of De Naeyere vond het achterste van een varken in vergelijking met om het even welke vrouw (ongeacht in welk van haar onderdelen) zeer Nobelprijswaardig. Een vrouw was als het offerblok in de kerk. Je stopte daar wel van alles in, maar terugzien, oh-là-là! Als natuurliefhebber verkoos hij bovendien zijn pruimenboom: 'Zulke pruimen zijn tenminste nog goed voor de stoelgang.' En ook de overige gewassen in zijn tuin waren hem liever dan mensen van de vrouwelijke kunne, zijn moeder zaliger niet uitgesloten, want die had zijn pa heel efficiënt het graf in getrapt. Oorzaak van zijn misogynie was overigens niet alleen die moeder, maar ook zijn eega, die naar mijn gevoel nogal deugde, ondanks haar libidineuze godsvrucht, maar met wie híj een halve eeuw daarvoor vermoedelijk voor het laatst de liefde had bedreven. Nog net op zijn grond, maar vlak bij de scheidslijn tussen zijn en mijn tuin stond een kersenboom. Eind juni moest ik daar, vanaf mijn houten terras en het platte dak van een buitentoilet, uit plukken. De dagen dat ik verzuimde dit te doen, keek hij me maar sip aan. Stond ik misschien op het punt zijn vriendschap te verkwanselen?

Ik omschreef mezelf in die tijd als de Sancho Panza van de Windmolenstraat. (Voor Don Quichot was ik al iets te veel naïviteit kwijt. Ik had die ingeruild tegen een bescheiden embonpoint.) De jaren, het verdriet, de vraatzucht en de beweginglooshe id hadden mij vadsig gemaakt, een jonker op zijn retour. Toch was het een goed huis daar, mijn beste Hasseltse huis ooit, en al zag de smoezelige buitengevel er niet uit, het had een enorme sfeer. Ik betrok de eerste etage en de zolderverdieping, waar zich de slaapkamers bevonden. Een deel van de begane grond verhuurde ik onder aan het ziekenfonds van Rijkswacht en Leger. De kelder was dan weer van mij. (Eén keer bekeurden rijkswachters mij in die jaren voor het negeren van een verkeerslicht. Het kwam hun duur te staan; prompt verhoogde ik hun huur.)

Maar, puik huis of niet, op avonden dat ik er alleen was, was ik er in het begin voornamelijk bang. Bang van de kelder en bang van de zolder. Meer verdiepingen dan de begane grond kon mijn geest toen niet aan. Op de uitgestrekte eerste etage, waar zich tegelijk mijn salon, mijn boekenkasten, mijn schrijftafel en mijn keuken bevonden, besefte ik de aanwezigheid van ratten in de kelder onder mij, die griezelige vennoten van de lijkbezorgers. Ook onder het dak, op de zolderverdieping, stond iemand mij ontegenzeglijk naar het leven. (Het was duidelijk dat ik zou eindigen in de bloem mijner jaren, zonder de kans te hebben gekregen het tot iets te schoppen.) Een mens, vond ik, was hoe dan ook niet gemaakt voor meer dan één verdieping. Een mens kreeg hoogtevrees van zijn eigen tenen en het duizelde hem van alles wat zich tien centimeter boven zijn kapsel afspeelde. Ik wilde mij beperken tot de begane grond, maar het was alsof die zich op een evenwichtsbalk tussen hemel en onderwereld bevond en dat ik elk moment neer dreigde te storten in mijn eigen uiterst platvloerse ik.

Er waren, in 1984 en volgende, genoeg redenen om bang voor de wereld te zijn: Tsjernobyl explodeerde, in België voerden de Cellules Communistes Combattantes terreuracties uit, de bende van Nijvel pleegde ogenschijnlijk gratuite hold-ups op warenhuizen, tijdens een voetbalmatch in het Heizelstadion tussen Liverpool en Juventus Turijn woedde het hooliganisme nu plots ook dicht bij huis; er vielen 38 doden en 257 gewonden. Maar Sancho Panza was en bleef ik, het meest begaan met de doden en gewonden in mijn eigen lijf. Voorbij waren de jaren dat de wereld in een handomdraai beter worden zou en dat men, om een fonkelnieuw wagenpark te bekomen, daartoe in allereerste instantie aan zichzelf diende te sleutelen als aan een kaduke oldtimer.

In die tijd ging ik in den lande meer en meer mijn poëzie voorlezen. Zenuwen als explosieven om mijn lijf gespannen. Bij twee man en een paardenkop verwierf ik zowaar een zekere literaire faam en precies zoals de meesten van mijn collega's waande ik mij in mijn onbeteugelbare ijdelheid belegerd, zo niet door de heffe des volks, dan toch door hele horden aficionado's, zodra mijn naam achteloos in de advertentiekrant of het parochieblad van Spiere-Helkijn werd gedropt.

Ik was dertig en ik behoorde tot een weemoedige generatie. Wij waren nog even van mening dat alles nieuw en voor het eerst hoorde te zijn. Het mocht niet zo simpel zijn als bij de vorige generaties, toen het leven alleen maar een kwestie van nabootsing was geweest, met alle gevolgen van dien. Daarenboven dachten wij, zodra wij dertig geworden waren, dat wij en niemand anders het voor het zeggen zouden krijgen na god weet hoeveel betreurenswaardige want vruchteloze millennia waarin hoofdzakelijk bejaarden het hoge woord hadden mogen voeren. Maar ík kreeg het hoegenaamd niet voor het zeggen. Ik bleef de Sancho Panza van de Windmolenstraat, met net zo'n dwaze schittering als Don Quichot. Het was niet helemaal duidelijk of ik met mijn verlate volwassenwording mijn jeugd verraden had, of mijn jeugd mij.

En toch, als het, volgens mijn herinnering, in Hasselt ooit geestdriftig zomer is geweest, dan wel tijdens die jaren. Al is het natuurlijk een vervalsing dat ik tijdens heldere avonden van mei tot diep in september zat te schrijven op het grote terras, omgeven door bloembakken met leeuwenbekken en reukerwten, middelerwijl ouderwets bedwelmd door de geur van kamperfoelie, en dat ik daar net zo lang zat te schrijven tot ik aan het eind het gevoel kreeg dat ik geheel en al mezelf geworden was en dat ik mij zonder enige twijfel op de enige juiste plek en in de enige juiste tijd bevond.

Maar de doden en de gewonden in mijn lijf bleven kwetteren en tetteren. De doden, dat waren uiteraard mijn ouders, die nu ongenood mijn dromen frequenteerden en daar dominanter waren dan zij dit tijdens hun leven in mijn gedachten waren geweest, met de worgende aanwezigheid van ieder die je missen moet. De gewonde, dat was allereerst ikzelf in mijn glansrijke travestie van pleureuse bij de ouderlijke lijken.

Het was een paar dagen voor een wat onbehouwen dertienjarige spring-in-'t-veld van Italiaanse makelij ons vaderland op zijn kop zou zetten met een lied dat wel een succesvolle compilatie van spraakgebreken leek, maar dat in het Noorse Bergen niettemin goed of slecht genoeg zou worden bevonden voor de eerste Belgische overwinning op een Eurovisiesongfestival. Het was ook enkele dagen voor 1 mei van het jaar 1986. Ik nestelde mij in mijn canapé voor mijn traditionele middagdutje. Buiten schitterde de zon. De deur naar het terras stond open. Buurman Neuckermans of De Naeyere liep, ergens ter hoogte van zijn kersenboom, luidkeels het toekomstige Eurovisiesucces te kwelen. Terwijl hij de weinige plaatsen in zijn tuin fatsoeneerde waar er iets wou groeien, hoorde ik almaar: 'J'aime, j'aime *le* vie. J'aime, j'aime *le* vie.' Het was misschien wel de laatste keer dat ik gezond zou indutten. Toen ik een halfuur later mijn ogen opentrok, bleek dat mijn linkerarm sliep en dat daar maar geen normaal gevoel meer in te krijgen was. 'MS,' beweerde de neuroloog enkele weken later, na een lange poststaking, waardoor het staal van mijn lumbaalpunctie geruime tijd in een of ander sorteercentrum was blijven liggen. Ik voelde mij in hoge mate verneukt. En in een domme en dolzinnige rebellie tegen mijn domme lot besloot ik maar één dom ding, een ding dat zelfs voor wie gezond is, onhaalbaar is: te genezen.

Chemin des Garrigues, anno 1989

'Voici une lettre de votre fiancée.' Elke ochtend is het ritueel hetzelfde. De oude Gabriel brengt ons in opdracht van zijn dochter Hélène, die ons het huis verhuurt, de post alsof het godbetert de Blijde Boodschap is. Zijn schorheid moet niet onderdoen voor die van de cicaden rondom ons. Maar hij glundert. Ook wanneer de correspondentie enkel en alleen uit een krant of een ansicht bestaat, meent hij als prille debutant in de dementie telkens weer een liefdesbrief in handen te hebben. Overigens lijkt dat hele ons omringende landschap er een van romances, amourettes, billets-doux en ander fraais uit de linguïstiek van de liefde. De glooiingen van de Lubéron, ooit het decor van verkrachtingen, ophangingen, verbrandingen en moorden met de waldenzen als slachtoffer, stralen nu, medio augustus en al flink tegen het eind van de twintigste eeuw aan, alleen maar tomeloze verliefdheid en ongebreidelde sensualiteit uit. Alsof dit de enige plek op aarde is zonder postcoïtale treurnis.

Totje en ik kwamen hier, in Les Jean-Jacques, een gehucht van Ménerbes, tijdens een zomerochtend in 1979 voor het eerst aangesjokt in een sjofele deux-chevaux. Wij gingen discreet aan de kant van de weg staan, durfden amper het erf op vanwege de twee honden voor het huis die zich ter ere van ons het pleuris blaften. Tot er een tussendeur openging en dan nog een deur, waarin een tien jaar jongere editie van Gabriel verscheen. In zijn ongegeneerde Provençaals voegde hij ons toe toch vooral niets te vrezen en meteen binnen te komen.

Verschillende generaties honden zouden ons voortaan gezelschap houden in dit huis. Sindsdien niet langer om ons de stuipen op het lijf te jagen, maar als stille, gewetensvolle bewakers van ons af en toe nogal accidentrijke bestaan. En uiteraard zouden zij het er, ondanks de karakteriële noblesse die wij hun toeschreven, in de eerste plaats op aanleggen etensresten van ons af te troggelen. Vaak hadden zij mooie droeve ogen, deze honden, alsof iemand hen gesommeerd had snuffelenderwijs op zoek te gaan naar Het Geluk en alsof zij er daar, ondanks al hun ijver, in de wijde omtrek niet één spoor van gevonden hadden. Hun baas had hen met namen van gedistingeerde salondansen bedacht: Polka, Rumba, Samba en Tango. Minstens twee, maar soms ook drie weken lang droeg het escorte van deze dieren ertoe bij dat onze aandacht, althans voor een deel, werd afgeleid van alle fysieke onheil waardoor wij werden bestookt.

Er zijn plaatsen waarvan je de eerste keer al weet dat je er voor het laatst komt, ook al zijn ze van een onvergetelijke en onvergelijkelijke schoonheid en al ben je er meteen dolverliefd op. En er zijn er andere waarnaar je, of ze nu mooi of lelijk zijn, altijd terug wilt. Natuurlijk waren er landschappen die ons nog meer bevielen dan die rondom Ménerbes, maar om diverse redenen gingen wij er niet naar terug. Soms vanwege futiliteiten of toevalligheden. Soms ook omdat wij bang waren voor een nieuwe confrontatie en omdat er nu eenmaal een schoonheid bestaat die ondraaglijk is en die het niet hebben kan dat er meer dan één keer naar haar gekeken wordt, om welke reden zij rebelleert tegen de blik van haar indringers en ostentatief verbrokkelt, verslenst, verteert of verdampt. Niet het mooiste is het waar een mens naar terug wil. Het mooiste is te vreselijk omdat het alles bevat wat hij ooit had willen worden en – als dat al even lukt – nooit zal kunnen blijven. Bijgevolg gaat hij dan maar terug naar datgene waarin hij zich het best herkent of naar wat hij het haalbaarst acht. En hij wil verifiëren of dat niet te zeer veranderd is, alsof hijzelf, met heel zijn lijf, een certificaat van onveranderlijkheid hoopt te verwerven.

Alvast een kwarteeuw lang zouden wij trouw naar Ménerbes blijven terugkomen, soms twee keer per jaar. Geen enkel ander onderkomen bleef gedurende zovele jaren het decor van ons gezamenlijke leven als deze Provençaalse *hameau*, waarvan het oudste gedeelte, gebouwd rondom een *borie*, alias herdershut, uit de vijftiende eeuw stamde. Na afdoende consumptie van wijnen uit de Cave de Maubec in Coustellet realiseerden wij ons laat op de avond soms hoezeer wij niet alleen het jaar 1989 toebehoorden, maar ook een respectabel aantal voorbije eeuwen. Wij keken vanaf de binnenplaats of – liever nog – voor de grote poort van het huis, waar geen enkele verlichting ons stoorde, naar die fabuleuze sterrenhemel en zijn flonkerende pogingen tot intimiteit. Ook van dit grotere geheel maakten wij deel uit. Heel even deden dat petieterige beetje verleden en dat verwaarloosbare beetje toekomst in ons krakkemikkige, danig bedreigde lijf er niet zo gek veel meer toe.

Allicht bestaan er in het heelal oneindig veel soorten bewustzijn, in alle maten en formaten, en in meerderheid uiteraard verschillend van wat er onder de huidige definitie van dat woord schuilgaat. Het bewustzijn van Gabriel Boffrèdo mag dan al, vanwege de voorspelbaarheid waarmee hij zijn grappen debiteert, tekenen van verval vertonen, het is niet bewijsbaar dat de stoorzenders die van hem bezit nemen, geen aanspraak mogen maken op het label van realiteit.

'Voici une lettre de votre fiancée,' herhaalt hij. Het zal hem in de jaren die hem nog resten niet meer vergund zijn mij te tutoyeren. Want zelfs al begint een mens geschift te worden, hij verliest er zijn goede manieren en zijn beleefdheidsregels niet noodzakelijk door. Op dit ogenblik verraden de aders rondom zijn slapen dat hij intensief aan het peinzen is, dat hij misschien wel aarzelt tussen een melodramatisch gebaar, iets aimabels als een glimlach en iets akeligs als een halverwege mislukkende bulderlach. Twijfelen aan de soliditeit van zijn humor doet hij in elk geval niet. Achter hem, achter de spijlen van het hek dat de binnenplaats afsluit en waardoor hij mij altijd mijn correspondentie aanreikt, liggen de wijngaarden waarvoor hij vroeger verantwoordelijk was. 1900 was het toen zijn vader daar, tegen de flanken van de Lubéron aan, de stokken voor aanplantte, waarvan het rendement inmiddels begint af te nemen.

Heel even doet de gedachte aan de laatste eeuwwisseling mij de kwade magie van de volgende, die van 2000, vrezen. Ook al is dat jaar volstrekt arbitrair en ligt het op dit ogenblik nog lang niet in het verschiet. Wat, vraag ik mij af, zal er dan nog van Totje en van mij overblijven? Hoe zullen wij er in voorkomend geval aan toe zijn? Maar voorlopig blijft het 1989. De Berlijnse muur valt. Ceauşescu en zijn vrouw worden gefusilleerd. Salvador Dalí overlijdt in zijn geboortestad Figueras, waar zijn lichaam gebalsemd en opgebaard wordt. (Ons zullen ze vast niet balsemen, denk ik, hoewel ik er beslist iets voor voel, zo niet tot lering van het nageslacht, dan toch tot vermaak van het algemeen, opgezet te worden, bij voorkeur voorzien van een ijzingwekkende, sinistere grijns.) Tijdens de late winter van het aan de gang zijnde jaar wordt Paul Vanden Boeynants gegijzeld, Belgiës ex-premier, stripheld, surrealistische parodie van zichzelf en toonbeeld van onbetrouwbaarheid. In de persconferentie, onmiddellijk na zijn bevrijding, neemt die heel theatraal zijn zonnebril af en verrijkt hij het nationale idioticon met de uitspraak: 'Trop is te veel. Te veel c'est trop.'

Ook ons dreigt het allemaal *trop*, te veel te worden, met die MS die bij mij is vastgesteld en die kwaadaardige tumor die in het voorjaar uit Totjes borst verwijderd is. Wij zijn beiden aangeraakt door de dood, in feite net als elk ander lichaam dat zweet, niest, plast of hoest, alleen in een intiemere omarming. Vandaar dat wat zich buiten ons bevindt er op dit ogenblik maar weinig toe doet. Wij hebben een absoluut gebrek aan mineure problemen die de aandacht afleiden van de verkwikkende vraag of het niet verkieslijk is je meteen een kogel door het hoofd te jagen. Maar uiteraard belast ik de oude Gabriel niet met dit gevulgariseerde existentialisme.

'Oui,' zeg ik terwijl ik de krant van hem aanneem, 'en effet, une lettre de ma fiancée.' 'En nog een lange brief ook,' voeg ik eraan toe. Hij hoort mij al niet meer en hinkt weg, tien seconden lang weer volop in zijn puberteit, plaatsvervangend verliefd en bovendien gelukzalig overtuigd van zijn gelijk. 'Hélène,' roept hij naar zijn dochter, die een eind verderop de courgettes, de tomaten en de warmoes in haar moestuintje aan het besproeien is, 'j'avais raison, c'était bien une lettre de sa fiancée.' En nu verschijnt Hélène met het enigszins kreupele armpje, dat mij pas nu, zoveel jaar na onze eerste ontmoeting, voor het eerst echt opvalt. Het is nog geen halftien in de ochtend en daarboven hangt al een zon die zweetdruppels op haar voorhoofd doet parelen. Gabriel schuift zijn pet naar achter en gaat zich als een kind verstoppen in het genadigste donker van zijn huis en de geheimste krochten van zijn geheugen. Zo kabbelen de uren en de dagen voort. Om met Andreus te spreken: 'hier, in dit deel van het heelal.' Zo kabbelen enkele jaren voort, tijdens welke Gabriel Boffrèdo meer en meer vergeet en ook zelf al bijna vergeten wordt. En dan, op een winterse Belgische dag, ligt er een overlijdensbericht bij mij in de bus. Ik kijk naar de postzegel en de stempel, en ik weet het meteen. Nog één keer hoor ik zijn stem. 'Une lettre de votre fiancée,' zegt hij. Daarna, eindelijk, zwijgt hij. Zozeer zwijgt hij dat zelfs de cicaden in mijn herinnering er het zwijgen toe doen.

Ik ben tien. Op een fraaie zomerochtend in het midden van de jaren zestig mag ik mijn vader vanuit ons West-Vlaamse domicilie vergezellen op een van zijn verste handelsreizen. Voor het eerst brengt dit mij in de provincie Limburg. Mijn vader neemt een paar uur vrij om mij het openluchtmuseum van Bokrijk te laten zien. Limburg in de jaren zestig – het cliché wil dat dit veel opgeklopt verleden betekent. Mijn vader, balend van zijn jachtige beroep, adoreert dat. Omringd door de feeërieke woningen van allang vergeten en verdwenen doden komt hij pas echt tot leven. Bij uitbreiding doet eigenlijk alles wat oud of antiek is of uit ingedutte en dus ongevaarlijke eeuwen stamt hem opfleuren.

Uiteraard heb ik ettelijke diapositieven van de lemen bouwsels die in Bokrijk te bezichtigen zijn en die zo royaal tegemoetkomen aan zijn behoefte aan kitsch. Op een ervan is hij zelf ook te zien, veel jonger dan ik thans ben en voor de gelegenheid nog jeugdiger ogend dan hij op dat moment werkelijk is. Hij leunt enigszins geforceerd, maar fotogeniek tegen de muur van een middeleeuws boerderijtje. In zijn flegmatieke pose is hij net een acteur, een soort volumineuze uitvoering van Yves Montand.

Limburg, dat is halverwege de jaren zestig het gelukzaligste rustoord van Vlaanderen. Limburg, daar dient godzijdank niet de minste toekomst verwacht te worden; die hele provincie is een museum met een stevig hek eromheen. De gemeenplaatsen worden er als kostbaarheden bewaakt en gekoesterd. Mijn vader staat er niet bij stil dat hier ook steenkoolmijnen liggen, waar zich een allerminst somptueus of idyllisch leven afspeelt. In West-Vlaanderen, dat immer hogerop wil, bestaan die maar 'van horen zeggen'. De ondergrond, daar houdt hij derhalve geen rekening mee. Het is hem opgelegd een man van boven de grond te zijn en koortsachtig over de Vlaamse wegen te jakkeren.

September 1976. Al twee maanden heb ik een diploma op zak dat mij nog het meest voorbestemt tot het leraarschap. Zelfs in het buitenland heb ik gesolliciteerd. Maar niet in mijn eigen regio, nee. Welvaart en vooruitgang staan mij daar net iets te hoog in aanzien. Er wordt mij een betrekking aangeboden in Boekarest, een in Antwerpen, een in Den Haag en een in Hasselt, hoofdstad van Limburg. 'Hasselt,' zegt mijn vader, 'dat leeft.' 'Hoezo, ik dacht dat daar juist geen toekomst was,' sputter ik tegen. 'Jaja,' zegt mijn vader, 'maar Hasselt, dat is Limburg niet. En wat meer is, in Limburg, daar zijn de mensen nog vriendelijk.' Hij zegt het opnieuw met dat surplus aan présence, de présence waaraan ik zelf een leven lang een tekort zal hebben, ter compensatie waarvan ik dan maar een grote bek probeer op te zetten in mijn schrijverij.

Heel even voel ik mij ondanks zijn uitspraak als een voetballer die niet langer in de eredivisie mag spelen, maar in de derde provinciale. Kennelijk gaat mijn pathologisch honkvaste onderbewustzijn ervan uit dat West-Vlaanderen die eredivisie is, hoezeer mijn verstand dat ook probeert te weerleggen. Ik wil wel weg, maar niet naar een vergeetput in een streek die, getuige de teloorgaande mijnindustrie, vol vergeetputten ligt – zoiets schijnt het hoogmoedig te peinzen. Maar het neemt ook in overweging dat er in Den Haag machtig veel Hollanders woonachtig zijn en – wat veel erger is – in Antwerpen machtig veel Antwerpenaren. En dat Boekarest dan nog achter een roestvrij IJzeren Gordijn ligt. Ik geef gehoor aan mijn zwakste vooroordeel.

Mijn toekomst wordt mijn heden, mijn lange heden in Limburg. Ik krijg een interimbaan in een Hasseltse meisjesschool, die van de Kindsheid Jesu, dwars tegen de veranderde zeden in overeind gehouden door beginselvaste zusters die gemeenlijk 'blauwe nonnen' worden genoemd. De trein moet mij naar hen toe brengen. In Landen blijk ik in de verkeerde coupé te zitten en ik beland niet in Hasselt, maar in Luik, zodat ik mij met meer dan een uur vertraging in het bureau van de zeereerwaarde opperpinguïn, Masoeur Machteld of Clothildis of Hoeperdepoep aanmeld, excuses prevelend als weesgegroeten. Haar instructies zijn kort en streng. Het komt er in de allereerste plaats op aan elke les met een kruisteken te beginnen. Daarnaast moet ik mijn meisjes weghouden uit de louche cafés verderop in de straat, deze Sint-Sebastiaansgilden van de pijnlijke wellust waar men kennelijk het Limburgse maagdenvlies als belangrijkste schietschijf heeft gekozen en waar men ook niet vies is van een occasionele joint.

De eerste week krijg ik, na bemiddeling van mijn directrice, onderdak in het Volkstehuis aan de Kanaalkom. Mijn medebewoners zijn doorgewinterde drankorgels die met het enthousiasme van ter dood veroordeelden een ontwenningskuur volgen. Des te gretiger verschansen zij zich vanaf de vroege ochtend achter wc-deuren, waar zij meer begaan blijken met het onderhoud van hun verslaving dan met hun stoelgang. Bovendien heb ik nergens mensen zo stilzwijgend weten snauwen als in de grauwe eetzaal van dit gebouw, waar wij trieste hamrolletjes gevuld met triest witlof en mankementig gegratineerd met trieste emmentaler achter de kiezen stoppen. Na de laatste hap spoed ik mij naar mijn kamer, waar ik een fles martini aanbreek en mij, over mijn handboek Nederlands gebogen, in de tautologie, het pleonasme en de contaminatie verdiep. Vervolgens ga ik op het bed liggen en, hopend op een of ander formidabel firmament, staar ik naar het sinistere plafond, waaruit al grote stukken bepleistering zijn neergekomen. Ik ben hier niemand, ik ken hier niemand, in heel Limburg niet, en ik wil hier weg, zeker uit deze kamer en uit dit pand, waar ik te midden van hen die deelnemen aan die gruwelijke kuur zelf aan de fles dreig te raken. Mijn vooroordelen kloppen en mijn vader heeft gelogen.

Gelukkig kan ik een deel van de dag naar school. Mijn leerlingen, ontbottende bourgeoises, amper een halve decade jonger dan ik, gaan gekleed in grijze rokjes. Ik vergeet het gebed, leer hun alles over Hadewych en de structuur van het sonnet, en in mijn juveniele baldadigheid suggereer ik hun hun grauwe uniformpjes uit te trekken, in de hoop dat zich daaronder enige diversiteit in de lingerie zal openbaren. De baarlijkste nonsens mag ik mij permitteren. Ik ben hier toch niet voorgoed.

1 januari 1991. Dit wordt de eerste nieuwjaarsdag op het adres waar ik thans nog woon, een stijlloze, maar nette half vrijstaande woning met tuin, gelegen in een rustige buitenwijk achter het station en daterend uit het midden van de jaren zestig, uit de tijd dus dat ik hier met mijn vader voor het eerst kwam. Al twee keer ben ik binnen het Hasseltse territorium verhuisd, maar nog ben ik onderweg tussen de provincie van mijn jeugd en deze regio. Aangekomen ben ik alleen in de armen van Totje, mijn geliefde, met wie ik bijna vijftien jaar het bed deel. Haar vader, een pianoleraar, is jong gestorven, maar een pianodochtertje is zij gebleven. Na zijn dood heeft zij een deel van haar kinderjaren doorgebracht op een plek die intussen grondig gefacelift is: de cité van Beringen. Dit is een van de oorden waar zij mij het eerst naartoe genomen heeft, niet alleen naar de woonwijk, ook naar de gangen en de galerijen van de steenkoolmijn.

Ik ken de onsterfelijke vooroordelen, de clichés en de moppen die over Limburg de ronde doen en die doorgaans nog zoutelozer zijn dan mijn eigen flauwiteiten van 1976. Ook al is Hasselt allerminst een metropool, of misschien juist daardoor, ik houd van dit soort provinciestadjes, zij het dat ik – alle verhoudingen in acht genomen natuurlijk – an *American in Paris* of *an Englishman in New York* blijf. Zelfs na al die jaren lukt het mij bijvoorbeeld niet het plaatselijke dialect te beheersen. Ook blijven mijn einders elders, verder en mediterraner liggen.

Als zowat overal wordt in de Laurierstraat 1 in Runkst – zo heet de wijk – vanaf de allereerste minuut van 1991 vuurwerk afgestoken. Het station lijkt in lichterlaaie te staan. Rode, paarse, gele en groene vuurpijlen verlichten de hemel, mijn gezicht en dat van mijn lief. Wij vieren voor het eerst onder dit dak en onder ons beiden de overgang van oud naar nieuw. Nog tijdens dit jaar, in november, zal Yves Montand de geest geven, in de steek gelaten door zijn hart net als mijn vader acht jaar voor hem. Mijn moeder, zeer gesteld op verhalen over celebriteiten, is er helaas ook niet meer. Ik kan haar dus niet meer vertellen dat Totje en ik de acteur een vijftal jaren voor zijn dood nog hebben gezien bij zijn woning op de place Dauphine en dat hij, toen hij merkte dat wij tegen elkaar aan het smiespelen waren, 'Bonjour Monsieur, Dame' tegen ons zei en zowaar zijn hoed voor ons afnam. Net zo fotogeniek, haast charismatisch was hij daar, hartje Parijs, als mijn vader in dat bescheiden Bokrijk van de jaren zestig.

Intussen is het nog steeds 1 januari 1991 in de Laurierstraat 1. Champagne en jenever dragen er behoorlijk toe bij dat ik hem weer in het vizier krijg, mijn dode vader, keurig gecoiffeerd, feestelijk uitgedost, fluitglas in de hand, gardenia in het knoopsgat, en vooral zo'n glimlach van 'zie je wel, had ik geen gelijk?' Alle jaren doen zich op dit moment gelijktijdig aan mij voor. En alle plaatsen waar ik ben geweest, gelukkig of wanhopig, gelukkig én wanhopig. Middernacht is voorbij en dit is Hasselt, maar het is vooral overal.

Kapetanianá 28, anno 1997

Het is het jaar dat in de kelder van een benzinestation in Elsene het lijkje wordt aangetroffen van een Marokkaans meisje dat al vijf jaar dood is. Haar naam is Loubna, Loubna Benaïssa. Zij voegt zich bij het trieste gilde van de ontvoerde en vermoorde meisjes, met wie België zich in de kijker heeft weten te plaatsen. Het is het jaar dat de Hongaarse dominee Andras Pandy, woonachtig in Sint-Jans-Molenbeek, wordt verdacht van minstens zes moorden op dichte familieleden wier lijken hij vervolgens – olijke knutselaar van een jongetje toch – in ontstopper probeert op te lossen. Het is het jaar dat lady Di tegen hoge snelheid en veel te beroemd sterft in Parijs, Mobutu Sese-Seko in Marokko, Gianni Versace in Miami en de honderdtweeëntwintigjarige Jeanne Calment, traagste sterveling van de hele aardbol, in Arles. Het is het jaar dat Herman de Coninck op 22 mei zieltogend neerzijgt, niet ver van het culturele centrum Gulbenkian in Lissabon, terwijl Totje en ik nietsvermoedend Kreta's binnenland en zuidkust afstruinen. En daar, luttele dagen voor die rampzalige 22 mei, in een jaar dat zozeer van beroemde of beruchte doden is vervuld, daar, in dat desolate Asterousiagebergte, dat tegen die zuidkust aanhurkt, zullen wij voor het eerst logeren in een dorp waarvan wij niet kunnen aannemen dat de dood er ooit vat op hebben zal, omdat het een arcadische, haast anachronistische tijdeloosheid uitstraalt. Wil je het met de wagen of met welk vehikel dan ook kunnen bereiken, dan moet je de laatste acht kilometer afleggen over een onverharde weg vol verraderlijke oneffenheden die zigzaggend langs schrikbarende ravijnen de berg op kruipt. Wat heeft men er niet allemaal voor over om te vergeten dat men straks dood moet gaan? Men reist niet om te leren, maar – inderdaad – om te vergeten.

Kapetanianá, zo heet het dorp. 'O Captain! my Captain! our fearful trip is done,' bauw ik Walt Whitman na zodra wij er aankomen. En ook 'My Captain does not answer, his lips are pale and still', wanneer daar eerst nergens iemand te zien is. Kapetanianá is niet echt een arendsnest, want de weg sukkelt achter zijn huizen nog verder omhoog naar dorpen zonder de minste toekomst, irreële negorijen, alleen maar ruïnes waar allang niemand meer woont. In een daarvan, Platianas, zullen wij later kennismaken met varkens die er, tegen de biologie in, vervaarlijk carnivoor uitzien en die klaarblijkelijk tot meerdere eer en glorie van hun hammen en hun koteletten alle concurrerende zoogdieren hebben verzwolgen, de laatste weerbarstige mens tussen hun prehistorische kaaksbeenderen hebben vermalen en ons hoe dan ook de stuipen op het lijf jagen. Hun rondingen laten een memorabele Body Mass Index vermoeden. 'O Captain! my Captain!' Het kan toch niet dat er in dit dorp geen herder is.

Maar voorlopig is het alleen Kapetanianá dat ons in zijn greep houdt. Ik vraag mij af wie van zoveel unanieme schoonheid in godsnaam de kapitein mag zijn. En als het straks donker wordt, vraag ik mij vast af wie de directeur van die talloze sterren is. De dag loopt bijna op zijn eind. Wij huren – er is geen andere mogelijkheid – een kamer in het huis van Gunnar en Luisa, een Oostenrijks paar dat hier jaren geleden als een koppel ara's in een Zichen-Zussen-Bolders achtertuintje moet zijn neergestreken, volkomen incongruent met de omgeving. Inmiddels runnen zij een kleine taverna en zij zijn er aangenaam door verrast dat de zwijgzame autochtonen, in hoofdzaak hoogbejaarde kettingrokers die hun rookwaar bij hen betrekken, hen zo snel hebben aanvaard.

Vanaf nu zullen wij hier op geregelde tijden terugkeren. Het gekke is: geen acht maanden geleden zijn wij al eens in Kapetanianá geweest, in de vroege herfst van een net zo moordlustig jaar, en dat was ik even vergeten. Het dorp zat toen helemaal in de mist, het miezerde, er schuurde een niet te harden gure wind door de glibberige stegen, en ook toen viel in de wijde omgeving geen levende ziel te bekennen. Ik had geweigerd de nacht door te brengen in dit oord, dat mij met zijn geur van gerookt vlees te nadrukkelijk en in elk geval op het verkeerde moment aan onze eigen Ardennen deed denken, en behoedzaam waren wij in onze auto weer de berg afgezakt, op zoek naar een minder obscuur onderkomen een paar etages onder de wolken.

Het huis dat het nummer 28 draagt en dat in een naamloze straat is gelegen, heeft iets labyrintisch. Het ligt gedrapeerd over een paar terrassen die uitzien op de Libische Zee, in een dorp dat uit twee duidelijk onderscheiden helften bestaat: een lager gedeelte, met het grootste aantal inwoners, en een hoger, waar wij verblijven. Tussen die twee in bevinden zich de kerk en het schooltje, dat bij gebrek aan leerlingen dicht is. Wij lopen korte tijd voor zonsondergang naar beneden. Een kudde schapen laat zich onder het waakzame oog van een hond in *file indienne* over de bergkam naar haar nachtverblijf drijven. Er gaan grote gelijkmoedigheid, vanzelfsprekendheid en rust uit van het tafereel. Evenals een zekere clichématigheid, eigen aan alles wat idyllisch of pastoraal is. Er is hier nog net voldoende heden. Even verder houdt het meeste op.

Totje en ik zijn nu twintig jaar samen. Geschiedenis schrijven wij daar niet mee, maar het is wel een feit. Een klein wonder is het bovendien dat zij niet dood is en ik niet invalide ben. Al een paar jaar, sinds de kanker haar hopelijk voor het laatst een uppercut heeft verkocht, beschouwen wij elke seconde als een overwinning. En och, het is niet van lady Di, niet van Mobutu Sese-Seko, niet van de machtigste zeug in Platianas en wijde omtrek dat wij het halen, en al zeker niet van Loubna Benaïssa of – godbetert – van Herman de Coninck. In de competitie van het overleven zijn wij onze enige tegenstanders, maar ook onze enige fans. Wij zitten in de toegevoegde tijd van ons leven, wat een zeker enthousiasme genereert. Dat bestaan van ons heeft al iets van een voortbestaan. Met wat in het Frans 'le sens des rescapés' heet, gaan wij voortaan alles te lijf, fanatieker dan ooit. Een mens heeft met een roofdier gemeen dat hij nooit hebzuchtiger en conservatiever is dan wanneer hij bestolen dreigt te worden.

Ik ben niet meer dan gemiddeld op landschappelijke schoonheid gesteld. Ik hoef mij niet tot elke prijs de visu te overtuigen van de *adembenemende* Niagara Falls, van de *knusse* Mechelse Heide of de charmes van het Verdronken Land van Saaftinge. Daarvoor kunnen foto's, documentaires, verhalen soms volstaan. Er zijn veel dingen die ik niet per se 'in het echt' hoef te zien of te horen. Zoals bekend stelt 'het echt' meestal weinig voor. Het leven heeft zijn reputatie te danken aan zijn vervalsingen en aan de kracht die je daaruit put. Aan zijn naïeve hoop en zijn ijdele verwachtingen. Het is bijvoorbeeld onwaarschijnlijk dat je het vermogen tot verliefdheid behoudt als je op je vijftiende al meteen een dwingend beeld voorgespiegeld krijgt van hoe je eerste lief er op haar zevenentachtigste zal uitzien. Verliefdheid – het is bekend – hunkert naar onveranderlijkheid, naar de eeuwigheid van het heden.

Kun je overigens verliefd worden op een landschap, bijvoorbeeld een als dit, met zoveel tover en prenterigheid, weg van de wereld die de krant haalt of op de televisie komt, weg van de doem van het doen? Ik houd van de schoonheid van de kerncentrale van Mol met al haar suspecte rookpluimen en haar schaamteloze orgie van licht, wanneer ik er 's nachts met de wagen voorbijkom. Ik houd van de schoonheid van oogloze teddyberen, van poppen die een arm of een been missen, van speelgoed dat onherstelbaar stuk is gegaan. Van honden die mank lopen houd ik. Van meisjes die lispelen. Van vrouwen met uitgelopen mascara en beginnende rimpels, zeulend met veel te zware boodschappentassen, op herfstige zaterdagochtenden, terwijl hun mannen in bed verwoed nieuwe maîtresses liggen te verzinnen, met de geilheid die haar bestaan te danken heeft aan afwezigheid. Ik houd van alles wat zo kapot is dat het niet eens zeker is dat het dat ooit niet is geweest. En ik houd van alles wat er nooit in geslaagd is te bestaan. Alleen van het volmaakte kan ik niet houden.

Maar hier staat een huis. Eén kamertje daarin zullen wij vanaf nu elk jaar weleens een keer betrekken. Het huis is gelegen in een landschap dat nog integraal onbezoedeld is, volledig volmaakt, van een schoonheid zonder bijgedachten. Het kamertje heeft het uitnodigendste raam dat ik ken, met daarbeneden het onnoemelijk oude licht dat het oppervlak van de Libische Zee streelt en daar vermoedelijk nog oneindig veel eeuwen mee bezig zal blijven. En ja, ik ben verliefd en pathetisch en belachelijk van bewondering, ik wil mij verliezen in dit landschap, al vind ik zoveel perfectie haast pervers, of misschien juist daarom.

Dit kamertje. Vliegen cirkelen frenetiek zo dicht mogelijk rond de enige lamp in het midden van het plafond, alsof zij nooit meer elders willen zijn, alsof zij bang zijn de enige plek kwijt te raken waarvan het ondenkbaar is dat er ooit gestorven wordt.

Route du Parc 2266, anno 2002

Juli 2002 is al over de helft en België heeft vandaag gebeefd met 5,1 op de schaal van Richter. Dat Lance Armstrong straks weer de Tour de France wint, geen mens die daar nog aan twijfelt. En dat vier paren uit de buurt van Maubeuge hun kinderen op systematische basis ter verkrachting aan elkaar hebben uitgeleend, daarop komt al na enkele dagen niemand meer terug. De wereld herinnert zich minder en minder naarmate hij zijn toekomst sneller inneemt. Bovendien dringt hij dezer dagen sterk gefilterd tot ons door. Ik ben bijvoorbeeld van ons drieën de enige die de krant leest of kennisneemt van het journaal. Maar ook bij mij hebben alle feiten van daarginds een zekere gewichtloosheid verkregen.

Juli 2002 is over de helft en hoeveel is mij eigenlijk bekend van de mensen met wie ik onder hetzelfde dak leef? Hoe reëel is onze camaraderie op een landgoed zonder echte buitenwereld? Pas sinds vandaag weet ik dat Anca, die in 1985 uit Roemenië is weggevlucht – eerst naar North Carolina en later naar Parijs – de naam heeft behouden van de schilder met wie zij in haar geboorteland getrouwd is geweest en die op zijn vijfentwintigste aan leukemie gestorven is: Cristofovici. En hoewel wij hier morgen al drie weken verblijven, kwam ik van Alessandro Barbero niet vroeger dan eergisteren te weten dat hij in 1996 met de premie Strega – zeg maar de Italiaanse Goncourt – onderscheiden is voor *Het mooie leven en de oorlogen van anderen of de avonturen van Mr. Pyle, gentleman en spion in Europa*, een roman die ook in de Nederlandse vertaling succesrijk is gebleken.

Buiten op het terras hoog boven het indrukwekkende gazon en het struikgewas met de nog steeds bloeiende bramen genieten wij, na gedane arbeid, van het uitzicht op de lichtjes van de Frans-Vlaamse dorpen tegen de langzaam donkerder wordende horizon. Een week geleden, tijdens de *fête nationale*, werd daar nog vuurwerk afgestoken. 'Elke dag weer,' zegt Anca, 'ontdek ik hier een ander landschap; en toch is er niet één heuvel of niet één boom die van plaats verandert.' Op onze tafel *picon*, bière des Trois Monts en jenever uit Wambréchies. Aan onze voeten ligt Hare Doorluchtigheid, de nichterige kater Marguerite, door ons betiteld als 'l'ours noir de Yourcenar', zeer nadrukkelijk en met veel dédain niets te verrichten. Avond na avond groeit het besef dat wij dit alles zullen missen. Dat wij naar onze steden en onze geliefden zullen terugkeren en dat wij vervolgens opnieuw de draad van onze levens zullen opnemen, Alessandro als geschiedenisprof aan zijn faculteit in Vercelli bij Turijn, en Anca aan de universiteit van Caen, waar zij Amerikaanse letterkunde doceert. Dat wij misschien ooit zullen vergeten hoe intens wij hier samen zijn geweest. En dat de herhaalde beloften elkaar terug te zien in de omgeving van het Meer van Genève, in Antibes of op de Parijse place de la Mouff' ooit ijdel zullen blijken.

In de jaren twintig van de vorige eeuw is hier, in Mont-Noir, gemeente Saint-Jans-Cappel, een grote neo-Normandische villa opgetrokken in een domein van ruim veertig hectaren, die weliswaar in Frankrijk liggen, maar zich tot aan de Belgische grens uitstrekken. Tot 1916, toen alles werd verwoest, hebben zich precies op de plek waar wij nu verblijven de stallingen bevonden van het kasteel waar Marguerite de Crayencour (alias Yourcenar) de eerste tien zomers van haar jeugd heeft doorgebracht. Dat gebeurde onder de hoede van haar vader en een rits kindermeisjes. (Marguerites moeder was kort na de geboorte van haar enige dochter overleden.) Villa Mont-Noir biedt ('voor één keer en dan nooit meer') onderdak aan telkens drie auteurs gedurende minimaal één en maximaal drie maanden. Na Stefan Hertmans en Kader Abdolah ben ik pas de derde Nederlandstalige die hier verblijft. Onze kamers dragen namen van personages uit het werk van de schrijfster. Alessandro zit in 'Hadrien', Anca in 'Alexis' en ik in 'Zénon'. Er hangt – op elk uur van de dag, maar vooral laat op de avond – ontzettend veel 'één keer en dan nooit meer' in de lucht, het soort 'nooit meer' overigens dat maar uit één enkele onmogelijke en eigenlijk hoogmoedige wens lijkt te bestaan: er altijd te willen zijn, te leven in een wereld zonder zonsondergangen. Wij zijn van top tot teen doortrokken van de behoefte zoveel mogelijk te verzamelen van wat voorbijgaat, zodat niets of niemand zich ooit nog verloren hoeft te voelen.

Geen van ons drieën is bijzonder op Yourcenar gesteld, evenmin op Jean-Luc Godard trouwens, en nog minder op wielertoeristen, boyscouts en hedendaagse architecten. 'Hedendaagse architecten,' smaalt Alessandro, 'zijn de enigen die van hedendaagse architecten houden.'

Het is de bedoeling dat wij hier makkelijker tot schrijven komen. Maar wij kunnen het goed met elkaar vinden en er ontstaat een kruisbestuiving tussen vrolijkheid en eensgezindheid die weleens ten koste van de schrijfplicht gaat. Wij staan elkaar ruimhartig toe elkaars grappen onweerstaanbaar te vinden. Soms blijven wij 's ochtends, na het ontbijt, te lang luisteren naar de melodramatische en miserabilistische kronieken van Annette, de kokkin annex werkster die de hele maand te onzer beschikking staat. Ze omschrijft zichzelf bloedserieus als 'gouvernante' en met volvette kazen, lauwe appeltaarten en geflambeerde pannenkoeken waakt zij erover dat wij stevig op ons gewicht blijven. (Naarmate het caloriegehalte in ons lijf stijgt, neemt het in ons literaire werk angstaanjagend af.)

Ook verdoen wij onze uren met de laatste kwajongensstreken van veertigers: via een minuscuul luik in mijn badkamer slagen wij erin de zolder te betreden. Of ik hijs me, terwijl het huis nog slaapt, in een apenpak en ik ga joggen om toch enig tegenwicht te vormen voor datgene wat het lijf te welgevallig is geweest. Voorbij de drie visvijvers gaat het, en langs de hoeve Capoen, waar de kleine Marguerite kwam spelen, over een hellend parcours dat tegenwoordig het hyacintenpad wordt genoemd en waar ik bijna struikel over de konijnen voor mijn voeten. (Op het eind van haar leven vraagt Yourcenar zich af wat ze nog eens zou willen terugzien: die hyacinten van Mont-Noir dus.)

Als komieke drievuldigheid zijn wij het vanavond in onze melange van melancholie en infantiel plezier zeker hierover roerend eens: dat de meeste mensen onvoldoende beseffen dat zij ook bereid moeten zijn de tijd te verspillen wanneer zij hem behouden willen. Maar anderzijds zegt Anca: 'Er zijn dingen die ik heb gedaan, en er zijn er die ik niet heb gedaan.

De dingen die ik niet heb gedaan, zijn de enige die ik onthouden kan.'

Er moet toch ergens een huis staan dat het mijne wil zijn, een huis dat van zijn eerste tot zijn laatste vertrek lang en ongeduldig op mij gewacht heeft en dat, wanneer het mij gevonden heeft, ineens verzucht: 'Eindelijk, eindelijk.' Is het misschien deze villa tussen binnen- en buitenland, pal op de grens, dit geminiaturiseerde Brideshead, waar ik maar op doortocht ben en waar mij surrealiteit en buitentijdsheid tegemoet waaien? Iets overtuigt ons er vanavond van dat wij de jongsten zijn die hier ooit geresideerd hebben en dat wij nog aan het begin van alles staan. Wij moeten nog onze jeugdpuistjes en ons eerste lief krijgen; wij moeten nog examens afleggen en de wereld veranderen en op onze bek gaan; wij moeten nog voor het eerst op reis; wij moeten nog ontrouw worden aan de meeste van onze dromen; wij hebben nog tal van keuzes en al die keuzes hangen nog niet als stroppen om onze hals.

Het is juli 2002. Het laatste streepje groenige en paarsige daglicht, gemorst in de lucht van Mont-Noir, is intussen allang opgeslorpt door de nacht. Wij fluiten in koor het bekende wijsje uit de film *The Bridge on the River Kwai*, waarover ik opmerk dat het in míjn West-Vlaanderen van mond tot mond gaat onder de apocriefe tekst 'Sara, ik ee uw hat hezien'. Boven het park, dat nu onzichtbaar uitdijt tot aan de Noordzee, zoals alleen wat onzichtbaar is tot in het oneindige uitdijen kan, en boven Saint-Jans-Cappel en boven alle dorpen die geen naam hebben omdat wíj die niet kennen, en tevens boven de vlakbije gebedsgrot van Notre-Dame-de-la-Sallette, door ons vanwege de modderpoelen aldaar Notre-Dame-de-la-Saleté – Onze-Lieve-Vrouw van de Smerigheid – gedoopt, boven dit alles hangt als een groot koddig spook degene die op haar beurt onzichtbaar is, maar die wel een naam heeft, 'l'ours noir de Mont-Noir', Marguerite Yourcenar. Ondanks al ons gesputter tegen haar waakt zij over ons samenzijn van verweltschmerzte welpen als een warmbloedige moederbeer. En het is precies alsof wij van ver zijn gekomen en lang hebben gezocht, maar nu eindelijk, eindelijk thuis zijn.

Verantwoording

Een deel van dit boek werd geschreven in juli 2002, tijdens een verblijf als *writer in residence* in Villa Mont-Noir (Saint-Jans-Cappel, Noord-Frankrijk), het landgoed waar Marguerite Yourcenar de zomers van haar kinderjaren heeft doorgebracht. De meeste van de hier opgenomen teksten zijn overigens eerst, soms in een enigszins andere versie, in *De Morgen* en *De Standaard Magazine* verschenen.